名师名校名校长

凝聚名师共识
回应名师关怀
打造名师品牌
培育名师群体

回眸·守望·远行

褚丽霞◎著

吉林文史出版社

图书在版编目（CIP）数据

回眸·守望·远行/褚丽霞著.—长春：吉林文史出版社，2022.8

ISBN 978-7-5472-8639-5

Ⅰ.①回… Ⅱ.①褚… Ⅲ.①小学教育—工作经验 Ⅳ.①G62

中国版本图书馆CIP数据核字（2022）第144772号

回眸·守望·远行

HUIMOU·SHOUWANG·YUANXING

著　　者：褚丽霞
责任编辑：戚　晔
封面设计：言之凿
出版发行：吉林文史出版社有限责任公司
电　　话：0431-81629369
地　　址：长春市福祉大路5788号
邮　　编：130117
网　　址：www.jlws.com.cn
印　　刷：北京政采印刷服务有限公司
开　　本：170mm×240mm　1/16
印　　张：15.75
字　　数：284千字
版印次：2022年8月第1版　2022年8月第1次印刷
书　　号：ISBN 978-7-5472-8639-5
定　　价：58.00元

前言

　　我在教育岗位上已经坚守25年了，1992年考上师范学校，曾经的热血青年如今步入中年，回首来时路，从一个中师生到站上讲台做教师，再到如今管理一所学校，丝丝缕缕围绕的都是教育教学的故事。我这一生注定要和孩子们在一起，要在学校工作至退休。工作是我所热爱的，无论是当教师，还是做管理，我都恪守专注、坚守、尽责地为人处世的原则，在自己的教育之路上砥砺前行。

　　我心中总有一个想法，把自己这些年积累的教育故事、教学设计、教育论文、学习心得、课题研究等收集整理成集。这些点点滴滴如一幅慢慢打开的清新画卷，我的成长、思考、迷茫、经验、成果等都是画卷的内容，里面也投注了我的青春、热血、情怀和志向。这些都是一名普通人民教师走过的平凡人生路，虽然不是很华丽，但却万分真实。

　　可以说，本书所述不仅仅是我多年来在教学一线、教育管理、教育科研的思考和感悟，也折射着每一位普通教育工作者在自己的工作岗位上默默耕耘、不思回报的教育情怀和教育精神。从青年到中年，从教师到名师，从主任到校长，教育赋予我们每个角色的使命和担当也不同，我更希望通过本书能触发自己和年轻教师对"好老师、好校长、好学校"的内涵和实现途径有更深入的思考和感悟，对选择做教师这件事坚定，义无反顾。

在着手编写这本书之前，我曾征求家人和好友的意见，大家很支持：做了那么久教师，是该总结反思一下，"反刍"的过程是下一个阶段再提高的基石。是呀，此生做教师，离不开家人、同事、好友的支持和帮助，也离不开共同关注教育、关心师生的同行者，他们都是普通人，但他们的品格和精神、气度和格局，一直鼓励、伴随我在教师生涯中前行，努力在教育高地上攀登高峰。

谨以此书回报培养我当一名好教师的父母、支持我做一名好教师的爱人和女儿、同行的上千万在教育一线辛勤付出的教师们，以及天真可爱的在知识海洋里遨游的孩子们。

目录

第三篇　我的教学设计

第四篇　我的学习心得

第五篇 我的工作回顾

我的教育故事

心中那盏灯

灯如潮，人如潮，灯的变幻莫测与人的张张笑脸交相辉映，组成了一幅和谐、美妙的如霓虹般的梦幻美景。

儿时，勤劳、朴实的父母赠予我一盏灯——诚信之灯，那灯照亮了我的童年，引领我迈向人生的起点。

为人师时，面对那一双双清澈的、童真的眼睛，捧出那盏心灯，我告诉孩子们："这是老师送给你们一生的礼物，希望你们珍藏它。"

为人母时，家务的烦琐、工作的压力，曾使我心中那盏灯被蒙上了一层雾霭。一天，幼小的女儿问不慎失信于她的我："妈妈，《曾子杀猪》的故事你知道吗？"一时语塞的我顿感汗颜，愧对女儿，愧为人母，愧对心中那盏寄予父母厚爱的灯。我彻夜难眠，反思心路历程，怎能因同事的误解、朋友的欺骗、竞争的压力而轻言放弃？怎能因活之苦恼、苦心、困惑而影响生命质量？人活世上，弱水三千，取一瓢饮之，而这一瓢关键之水，当是使你区别于他人的根本所在，即心灯。有此心灯，即可对世界、社会、生活、自我保持善良、真诚、谦卑的价值观这件事充满信心！想到这儿，我顿觉释然。

此时，我偕同爱人，扶老携幼，观此灯影人流，心中颇感幸福。瞧，那美丽的彩门，啊！好大的一根柱子，柱子大约有十几米高呢！上面盘绕着张牙舞爪的金龙，在朵朵白云的围绕中，正准备腾空高飞。金龙的龙片在暗夜下闪闪发光，像几颗调皮小星星落在龙的身上，更显得金龙威猛无比。一头一人多高的巨鼠映入眼帘。"他"身穿黄袍，头戴皇冠，威风凛凛地站在中间，不知道是黄袍的原因，还是灯光的关系，从远处看，这只金灿灿的鼠憨态可掬，不仅成了今年的主角。也成了今天整个灯会的主角。在"他"周围，一群小鼠转来转去，显得热闹非凡。

　　人创造了灯，灯回报了人，灯因人之诚信而闪烁精彩，人因灯之辉煌而心灵浸润。我心中那盏灯熠熠生辉：今夜不只是灯人之约，更是心灵之约！

　　前行，复前行！

写于2008年1月

我身边的好老师——王尚德

优秀教师不一定是名师，只要品德高尚、灵魂纯洁，忠诚党的教育事业，为大家服务，默默奉献，那就是优秀的。他——王尚德老师，高高的鼻梁上架着一副眼镜，眼镜后面有一双让人想亲近的眼睛。蓦然回首那白发苍苍、默默奉献却两袖清风的我的老师，我猛然领悟到人们为什么总是这样描写教师："捧着一颗心来，不带半根草去""春蚕到死丝方尽，蜡炬成灰泪始干"。他不会长篇大论，不会慷慨陈词，但他却如红烛一般默默地流淌着生命。即使青丝变白发，依然三尺讲台，回荡笑声，他三十年的教龄证书是用爱写成的。

他，关爱学生，贴近学生心灵，认真扮演着学生引路人的角色。他坚持以阳光的心态面对教育学生的每一天，努力以一颗博爱之心平等地对待每一位学生，绝不以家庭出身论高低，以智力好坏定亲疏，以成绩好坏分优劣，而是以自己的真诚无私赢得了每一位学生的热爱和尊敬。作为老教师，他像一个真正的朋友一样欣赏学生，注意倾听学生的意见，接纳他们的感受，包容他们的缺点，分享他们的喜悦。

一、率先垂范

说实话，学生时代的我选择了新城中学是十分正确的，在王老师的精心教育和呕心沥血的管理下，我们学习，我们游戏，他的笑声和我们的笑声一样爽朗。在他的指引下，勤奋好学、努力拼搏、开拓创新、朝气蓬勃、生动活泼的学风已然形成。

王老师的一举一动总是那么严格、认真，在要求同学们遵守校规校纪的同时，他自己总是自觉做到，为同学们树立了榜样。有的同学说："王老师说得到，做得到，讲话不食言。"

王老师在同学们面前处处身先士卒、以身作则，起着表率作用，每完成一项任务无不渗透着心血。王老师的师德表率在潜移默化中激励着每个学生……

二、教法高超

王老师精心研究、探讨、倡导的教学新方法有四个鲜明特点：首先，围绕一个"人"字，对学生们的教育和培养具有人性化、具体化、科学化，从娃娃抓起，把小人变成"大"人；其次，抓住一个"心"字，王老师用心与学生进行沟通、交流，因此他深谙学生的心理，紧紧抓住学生的"心"，变消极因素为积极因素，让学生们不断提高判断能力、组织能力、语言表达能力、社会交际能力等；再次，突出一个"情"字，人是有感情的高级动物，王老师以情感人，以情育人，以情暖心，晓之以理，动之以情，不断地提炼师生情，升华学友情；最后，落实一个"优"字，王老师的教育目的很明确，就是让更多的孩子成长为家庭的优秀成员、社会的优秀人才、国家的栋梁之材！"随风潜入夜，润物细无声。"王老师的教学工作犹如那和风细雨，润物无声，影响着他的学生。他兢兢业业、乐观进取的精神，赢得了学生的喜爱和家长的赞赏，更赢得了教师们的欣赏和信任。

三、师恩难忘

王老师把"德育为首，质量为魂"贯穿教育的全过程，以"一切为了孩子，为了孩子的一切，为了一切孩子"作为自己的行为规范。他以人为本把本班学生当作自己的孩子一样关心着、呵护着、关爱着。王老师在教学方面坚持启发他们的灵感，培养他们的兴趣，激发他们的热情，对所有学生都是一视同仁，对表现优秀的同学不特殊，对表现差的同学不嫌弃，要求一样严格，关心一样周到，批评一样严肃，鼓励一样诚恳，教育一样耐心，总是希望他们都用心，都上进，都能成为好孩子、好学生。

王老师运用知识、智慧和经验精心培育着这些毛孩子。若是谁在学习上、生活上有困难、缺点或缺憾，他能将心比心、区别情况、因人施教。记得在一次期中考试中，我物理考得不理想，他反复琢磨，为我把脉、分析原因、找出差距，并亲切地鼓励我说："你不要气馁，继续努力，一定会考取好的成绩！"王老师还推选我担任物理课代表，让我真切地感受到自己没有被遗忘，从而大胆地赶超自己，追上同伴，最终在中考中取得了优异成绩。难忘师恩！在班上，有一位男同学在各方面表现较好，就是有一股子犟劲，不肯轻易听取别人的意见。王老师就耐心地开导他，举很多例子苦口婆心地说服他。终于，这个男同学的性格有了明显的改变。他在日记中留下了一串串深情：我们的王老师真好，像慈父，像长辈，又像我们的朋友，我们为有这样的好老师而自豪！

王老师关心学生细致入微，哪位同学有什么异样，他就特别关注。有的同学生病发烧，他像关心自己的孩子一样嘘寒问暖，倍加呵护和关爱。若有的同学有了缺点或错误，他从不粗暴地训斥，而是弄清情况，循循善诱，让有缺点的同学自己去认识，去思考，去改进。同学之间闹了矛盾，他采取冷处理的方式，要求矛盾双方各自解决自己的问题，能"私了"绝不"公了"，不伤害孩子的自尊心。学生们的心里对王老师都有一杆秤："是王老师给我们克服缺点的勇气""在成长的日子里，忘不了您——王老师"。他们在日记中表达了对王老师的爱："当我遇到烦恼的时候，您总能及时给我帮助；当我感受喜悦之时，您又能与我共享……我时常感谢上苍的恩赐，让我拥有您这样的优秀老师！您是一面明镜，让我看到自己的不足；您更是一位益友，不断地督促我进步……"同学们把王老师比作自己的父亲，啊！慈父的眼睛不就是这样吗？

四、克己奉献

王老师不仅在教学上有一套，在管理方面也是个能手。他严于律己、无私奉献，更让人感动的是能正确地处理公和私的关系。他把全身心都放在工作上，长期带病坚持工作，在已成为孩子王的我们这些同事心中是楷模。2007年，他在下班途中遭遇车祸，腿部受伤住院手术，同事们都很心疼他，而他却说："这个病嘛！无大碍，暂时就不住院了。"但是，他越是轻描淡写，同事们越是不放心，大家很关心地问："王老师，您的腿到底怎么样了呀？"王老师笑着说："别问了，告诉你们会吓着你们的。"王老师就是这样忍着病痛，呕心沥血，忘记自己，忘我工作，这是多么崇高的精神啊！

王老师对工作非常负责任，作为进修学校的校长，他对于自己的同事，倾注了全部的爱，积极培养年轻教师的业务能力，组织探讨学法指导和课堂教学艺术，优化课堂教学，形成教师自己的教学风格与特色，使教师们尽快提高。为了帮助年轻教师上好公开课，他一遍一遍地听课、指导，不厌其烦，既给年轻教师业务上的指导，也给年轻教师思想上的鼓励。他擅长通过情感沟通的途径来勉励老师们积极进取。经过一系列的教育后，大家的学习积极性被调动起来了。他给了我新的认识。他对工作的投入和敬业令我感动，他平时的工作很多，事无巨细，事必躬亲。特别是准备材料，他常常加班加点，夜以继日地写文章、备材料。有时下班后，他不急于回家，而是忙着思考我区教师进修工作。他就是这样，长年累月，日复一日地忙碌着，奉献着，像个陀螺不停地旋转。王老师就是这样高尚，不惜牺牲小家为大家，这是多么博大的胸怀呀！

五、硕果累累

王老师常说："提高学生的综合素质与能力不是一朝一夕能奏效的，它需要长时间、有计划、有步骤地去实践、去改革。在实践过程中不断地调整，不断地完善，最终达到提高学生素质与能力的目的，以服务于社会。"是的，王老师在教育战线上，为了培养接班人用心良苦，品德感人。"种瓜得瓜，种豆得豆"，我们经过王老师辛勤的"耕耘""播种""施肥""剪枝"，都取得了丰硕的成果。一股"比、学、赶、帮、超"的教师学习潮如火如荼，波澜壮阔。经他教育的学生不计其数，经他培训的教师不计其数，在这儿，他取得的荣誉是难以记述的，他的品德之树是常青的。

王老师的精神是可嘉的，品格是高尚的，作风是严谨的，感人的事迹太多太多，我在这里所讲的只能是只言片语，但却能反映王老师是一位师德高尚、当之无愧、与时俱进的模范教师！

　　"长风破浪会有时，直挂云帆济沧海。"王老师那年轻的心中还盛载着很多很多人生理想，相信他在漫漫的人生旅途中一定会更加精彩，一定会创造出更加灿烂的明天！

　　我祝福他——我的恩师！

写于2009年5月

点燃名师梦想

——我的成长故事

直以来，我意识到教科研在促进教师专业提升中的重要作用，开展课题研究活动，对于我个人成长极为有利，可以帮助我圆名师之梦。

一、课题研究之梦

教师的成长需要"专业引领"。我为了尽快地成长，深知必须加强对理论的学习。而参与课题研究正好能激发主动学习的愿望。

我分担学校教科研工作，力争做到积极、主动、勤恳、责任心强。自2010年来，指导报送教师个人课题45项，在兰州市教科所立项32项；指导报送规划课题14项，在兰州市教科所立项8项，在省教科所立项7项。学校8项规划课题均已在省、市教科所结题。在2012年上报规划课题中，有4项在省教科所立项，而全区只立了6项，学校在区属中小学中名列前茅。我在校内多次开展课题培训会，并承担对外如瞿家尖小学、新城、金沟中心校、福利路三小、庄浪路二校的课题学习培训会工作。

例如，在研究由我负责的省教育科学"十一五"规划课题《家长学校建设与发展策略研究》时，课题组每个教师都分配了相关的材料收集整理任务，以便在课题会上做交流学习。我借鉴了其他课题研究的先进成果，以及相关学科的研究成果，同时组织教师参加省、市的课题专题培训会、校教科室组织的课题研讨会以及校外专家专题讲座等，为教师的学习培训提供平台，营造主动学习的氛围，促使教师更新教育观念，树立新的教育理念。通过课题研究，我已吸收先进的教育理念和教学方法，促使自己快速成长。

二、课堂教学之梦

我从事小学语文课程教学已有16年时间，从不满足于原有的教学经验，不断探索新的教学方法，自2011年以来致力于高效课堂研究，课堂教学效果显著。

我在教学中努力探索素质教育的新途径，在教中研、研中改，积极践行新课程的理念，备课认认真真，上课踏踏实实，这是"趣、实、活、新"的教学风格。我始终坚持对学生能力的培养，在教学中不断探索一条既能减轻学生负担，又能提高教学质量的新路子。课堂教学讲究科学高效，使所教的学生在学习方法、思维能力和学习成绩上大幅提高。我除了注重抓学生学习整体质量提高外，更注重对特长生的关怀和培养，经常与学生进行作业本上的对话，给学生以更多的鼓励与指导，培养了学生的学习兴趣。我尽最大的努力，充分地调动学生学习的主动性和积极性。尝试各种教学方法，积极进行教学改革。不管工作有多忙，坚持反复钻研教材，大量阅读参考书，积极参加教研活动，通过参观学习，外出听课等教学活动，不断地完善自身、提高业务水平、扩大知识面，吸取相关的教学经验。我通过利用网络资源、各类书报杂志了解现代教育的动向，开拓教学视野和思维。

三、帮助他人之梦

我尽心尽力、毫无保留地积极帮助胡小伟、贾爱娟、王瑛、马红彦等教师参加市区教学新秀评选以及各种赛课演讲等活动。我还积极配合班主任管理学生，协调家长，搞好本班教育教学工作。我认为帮助他人，"快乐"自己，这也是为人师的基本原则，力争做到不自私、不张扬、不保留，在自己成长进步的同时不忘帮助他人成长。

四、成就教师之梦

我先后被授予西固区优秀教师、西固区教育系统师德先进个人、西固区教学新秀、兰州市信息工作先进个人等荣誉；论文、案例、教学设计等在省区市各级各类比赛中多次获奖；在《教师》《教育革新》《小学生作文辅导》《中小学教育》等杂志发表论文4篇；主讲公开课、研讨课、示范课等每次均获得充分肯定，深受学生、家长、同事、领导的好评，取得了一流的教学业绩。

2010年至今，我主持的规划课题在省教科所结题1项，立项1项，1项获第九届教育科研成果省级二等奖，1项获第九届教育科研成果市级一等奖；2项个人课题在市教科所结题，并分获一、二等奖，还有1项课题在市教科所立项；至此，我参与的8项规划课题均已在省、市教科所结题，参与的3项规划课题分获第八届、第九届教育科研成果市级二等奖；在年度考核中，3次被评为优秀，一次被评为良好。

我成长，我快乐，我奋斗，我收获，这也是我的名师之梦！

写于2012年7月

第一篇 我的教育故事

做精彩的自己

——我的成长故事

人的一生是短暂的，而回顾18年的教育教学生涯，我既有农村学校、薄弱学校、优质学校三所学校的工作经历，也有班主任、教研组组长、教导处干事、教科室主任、办公室主任、副校长的成长经历。我爱读书，爱学习，爱学生，作为一名教师，我是幸福的。回顾往昔，我觉得一直在努力做一名好老师，让自己精彩些，再精彩些。像许多人一样，我也有自己的梦想，那就是成为一名名师。

一、潜心教学，成就学生

我从事小学语文课程教学已有18年，为了扎实推进素质教育，坚持"育人为本，全面发展"的教育理念，将"教书育人"的思想落到实处，促进教师之间的学习交流和专业发展，进一步提高教育教学质量，不断优化课堂，提高课堂教学效率，在语文教学过程中，我把主要精力聚焦在教材、课堂、学生的学习方式上，致力于进行高效课堂研究，不断激发学生学习语文的积极性，活跃课堂气氛，真正将立德树人落到实处。在教学我能认真完成单元备课任务，写好课后反思，严格按课标要求备课、上课，认真对待每一课教学内容，总想让学生多增长点见识，同时促进自身的思想素质、文化素质、业务素质进一步提高，为提高学校教学质量打下坚实的基础。

二、抓好科研，成就教师

我在教科研管理工作中，以教师发展为起点，开展以营造书香校园等十大行动为途径，以帮助新教育共同体成员过一种幸福完整的教育生活为目的的教育实验，提倡教师改变陈旧的教育理念，实践新教育，享受幸福完整的教育生活，实现我们心中美好的教育理想。

1. 课题管理

学校现有规划课题26项，结题课题22项，在研课题4项，其中7项课题获奖。在市级2011年立项394项，2013年结题160项，结题率为40%。我校总体结题率为84.6%。其中，有教师个人小课题共77项，已结题44项，在研17项。兰州市个人课题平均结题率为64.4%，我校总体结题率为73.3%，仅2014年申报结题16项，结题15项，结题率为93.8%，远远高于全市平均结题率。学校也因此被市教科所授予教科研优秀团体奖的光荣称号，奖金8000元；被评为兰州市教科研基地校。省市教科所负责人获得数次口头表扬，每一项课题从立项开始，提要求、做培训、一遍遍修改、手把手地教，确实是实实在在走过来的。

2. 开展培训、讲座活动

我分别赴兰化一校、皋兰瞿家尖小学、红古平安中心校、新城、福三、金沟、东川、99中、实验等校就学校管理课题研究开办讲座，传经送宝，有效带动了兄弟学校课题研究工作。同时，按各课题、各阶段进程积极组织教科研例会，对教科研工作计划、总结、实施进行落实，并针对课题要求，对本校教师进行指导培训。

3. 组织论文参赛

根据上级部门及学校的工作安排，我组织广大教师认真撰写教育教学研究论文、教学设计、教学案例等，积极参加各级各类评比。教科室及时做好征文信息的传达、论文质量的把关、征文结果的反馈等工作。学校多篇论文、教学设计等在国家、省、市级范围内获奖。仅2014年，全校共有24篇论文在国家级刊物发表，34篇论文在《西固教育》发表，在全国级、省、市、区的论文、案例评选中获奖140人次。

4. 帮助教师，共同成长

我在个人进步的同时也真诚地关心年轻教师的专业成长，在繁忙的工作间隙，认真听课、评课，仔细分析年轻老师的汇报课、研究课，找出优缺点，帮助年轻教师不断完善自己的教学方法，使他们明确自己的努力方向，指导多人在省区市各级各类课堂教学评比中获得奖项。

三、注重实效，成就自己

在平凡而普通的岗位上，踏踏实实，甘守清贫和艰苦。默默无闻地干，不张扬；兢兢业业地干，不怕苦，从而收获一流的教学业绩。我先后被授予兰州市教书育人楷模、兰州市骨干教师、兰州市信息工作先进个人、西固区优秀教师、西固区教育系统师德先进个人、西固区教学新秀等荣誉称号；在《教师》《教育革新》《小学生作文辅导》《中小学教育》《新疆教育》等杂志发表论文5篇；论文、案例、教学设计等在省区市各级各类比赛中多次获奖；主讲公开课、研讨课、示范课等均获得充分肯定。

我主持的规划课题1项通过省教科所结题鉴定，1项通过市教科所结题鉴定；1项获甘肃省第九届教育科研优秀成果二等奖，1项获兰州市第九届教育科研优秀成果一等奖；1项在省教科所立项，正在研究中；参与研究的12项规划课题均已通过省、市教科所结题鉴定，参与研究的3项规划课题分别获兰州市第八届、第九届教育科研优秀成果二等奖。申报的3项个人课题通过市教科所结题鉴定，并分别获得科研成果一、二等奖。

我的教学设计在全国教育科学"十二五"规划教育部规划课题"少教多学在中小学语文教学中的策略与方法研究"第二届年会的优秀科研成果评审中荣获教学设计类一等奖；论文《不抛弃，不放弃》在全国小学教育教学优秀学术论文评选中获二等奖；指导的学生作文在"2014年培育社会主义核心价值观全国小学生正能量"作文大赛中被授予国家级指导特等奖；案例《兴趣排行榜》在2013年全省中小学生德育、心理健康教育优秀论文（案例）评比中获二等奖；文学作品《和自然约会》《写给父亲》在《西固教育报》刊发。

我成长，我快乐，我奋斗，我收获，因而我精彩，这正是我的名师之梦！

写于2014年

我的师父

——记全国优秀教师、甘肃省特级教师滕铭娟

　　双深邃的眼睛总在度量着学校发展的宏伟蓝图，一个干练的身影不断引领着师生成长的昂扬步伐，这就是我的师父、全国优秀教师、甘肃省特级教师、首届金城名师、金城名校长——兰州市西固区玉门街小学滕铭娟校长定格在人们脑海里的标志性形象。正是凭借由衷的朴素的教育情怀和鲜明独特的人格魅力，这位集知性、优雅、勤奋、执着于一身的女性在她担任校长的十年间，使学校从薄弱走向强盛，从规模发展走向深度发展，使学校成为西固区教育的窗口单位，引领学校步入了西固教育发展的快车道。

　　1982年秋，师父满怀着对教育事业的向往，踏上了三尺讲台，追寻自己的教育梦。三十多年里，她勤奋耕耘，艰辛探索，努力践行自己的教育理想。目前，她是西固区公认的中青年骨干教师和学科带头人。她不仅成为中青年教师的成长偶像和人生楷模，而且赢得了领导和广大学生、家长们的一致好评和赞誉，在我区教育界享有较高声望。三十年的孜孜不倦，换来了丰硕的成果：1996年获兰州市第五届教学新秀称号；2003、2004年分别被省教育厅授予"甘肃省骨干教师""甘肃省教学能手"称号；2005年被市委市政府授予"兰州市劳动模范"称号；2007年被教育部授予"全国优秀教师"称号；2008年被评为"甘肃省特级教师"；2011、2012年分别被市委市政府授予"金城名师""金城名校长"称号，2012年被省教育厅党组授予"全省教

育系统创先争优优秀共产党员"称号；2013年被西固区委组织部树立为西固区领军人才。她还先后多次荣获优秀教育工作者、优秀教师、优秀党员等荣誉称号，连续五届被聘为兰州市小学教师高级职务任职资格评审委员会委员，连续三届被聘为兰州市小学特级教师评审委员会委员、兰州市小学新课程师资培训讲师团成员，先后被选为中国共产党兰州市第十一、十二届党代表，西固区第十六、十七、十八届人大代表。

细数师父滕铭娟校长的工作轨迹，细看玉门街小学的发展变化，细品滕铭娟校长的精神世界，细赏玉门街小学的文化内涵，不难得出这样一个结论：教育科研是教师成长和学校发展的核心力量。

多年来，师父长期从事小学语文教学工作和班主任工作。在长期语文教学工作中，她一边勤奋务实地展开教学实践，一边认真努力进行教学科学研究，不断博采众长，开拓进取，通过研后教、教中研，使得教和研紧密结合、相得益彰，不仅夯实了专业理论知识和对教材、学生、课堂的驾驭能力，而且逐步形成了勇于创新、因材施教、循循善诱、寓教于乐的教学特色和"新、活、实"的教学风格。她根据课程标准的要求，认真备好每一节课，为优化课堂教学结构，准备了大量丰富的资料以充实课堂，使教学生动活泼、方法灵活多样，体现了以教师为主导，学生为主体的教育思想。她善于充分发挥学生的主观能动性，注重培养学生分析问题、解决问题的能力，并在传授知识的同时，利用教材中思想性、文学性、感染力强的内容教育学生。她所带班的学生善于提问，善于思考，质疑问难的能力较强，课堂气氛活跃。她多次讲授省、市、区级示范课，受到了教育专家、同行的肯定和好评。

在长达16年的班主任工作中，师父更加注重教育科学研究的开展和它对班级管理工作引领的作用，不断研究了班级管理的方法和策略，以及儿童心理学等内容，积极探索做好班级管理，打造优秀班集体的科学可行之道。

通过班级管理方面的教科研，师父充分认识到：爱心是师德之魂，爱心是管理之基；身正为范，学高为师。基于这样的认识，她管理班级时，首先对全班同学付出真诚的爱，时刻关心他们的成长，设法增强他们进步的自信心。她的关心、理解、公平、宽厚，赢得了学生的信任和尊重。她始终以师德八条严格要求自己，注重自身形象的塑造，从小事做起，生活中的每一个细节她都以身作则、率先垂范、用高尚的人格塑造人、熏陶人。她要求学生做到的自己首先做到，要求学生早到，自己也早到，要求学生在劳动中不怕脏、不怕累，自己也不怕脏、不怕累，学校每次劳动和大扫除，她都身体力行，往往和学生一样，劳动后一头汗、一身土。

有几分耕耘，就有几分收获，师父所带的班，班风正、学风好，学生能力强，诚实大胆，热情大方，勤奋进取，教学成绩连续几年在区同级中名列前茅，连年被评为学校文明班、优秀中队、兰州市优秀中队。她的学生在各项竞赛中硕果累累。她真正做到了自己所期望的—— 一个学生喜爱、家长信赖、领导放心的合格教师。

由于师父在教育教学工作中成绩显著，具有较强的示范性和指导意义，1998年她被调入西固区教研室工作。在从事小学语文教研工作期间，她始终把课堂教学改革放在首位，在不断提高自身业务的同时，开展教研活动，探讨教学新路子，为提高西固区小学语文教学整体水平，组建了三级教研网，以点带面，推动教研活动的开展。她经常深入教学第一线，深入偏远山区，送教下乡，实地听课、交流，影响和带动了一批青年教师。经她指导的数名教师现已成长为我区的校长、教研员、教导主任、各校的骨干教师。

2002年，肩负领衔实施我区国家新一轮基础教育课程改革实验任务的她重返教学第一线，担任玉门街小学校长。这时的玉门街小学只有218名学生，6个教学班，14位教师。如何把学校做大做强，成了摆在她和全体教职工面前的头等大事。思路决定出路，基于对课改的认识和学校发展实际情况的洞悉，她决定将工作的主抓手落实到课改的实施者——教师身上，将"以人为本，一切为了教师的发展，一切为了学生的发展"的理念作为办学宗旨和学校可持续发展的动力源泉，把促进教师的专业发展作为促进学生全面发展，提高学校教育质量的前提条件。她带领广大教师，在没有成功经验可借鉴的情况下，大胆探索。

科研兴教，科研兴校，把握了科研就掌握了教师专业发展和学校发展的金钥匙。滕校长向来重视学校的教育科研工作，把教育科研看作教师发展和学校发展的动力源泉。为了让平时习惯于埋头教书的教师们更新观念，为了唤醒教师的教育激情和科研意识，师父制定了"科研兴教、科研促教、科研兴校"的科研方针，组织多种形式的培训，在全校大力营造教育科研氛围，切实强化科研管理，努力把教育教学纳入通过科研提高质量的轨道。为了使学校的教育科研工作更加专业化、系统化、科学化，师父在原有学校机构设置基础上又设立了教科室，专门负责学校教师培养和教育科研工作，引导学校建立了"校长室、教科室、教研组、实验教师"四级科研管理网络。她还克服重重困难，千方百计节约和筹措资金，购置设备建立了图书室、电子备课室、多功能教学厅、多媒体教室、心理咨询室等，为教师开展教科研创造好的环境和条件，切实服务于教师的教科研工作。在她的主持和引领下，教师科研工作积极性空前高涨，科研氛围空前浓厚，"教育科研一体化，课题管理规范化，评审奖励制度化"的教科研管理目标初步实现。

师父主持承担了甘肃省"十一五"重点规划课题《建立成长记录，实施动态评价》，经过六年的努力，全面完成了教师成长册、班级成长册、学生成长册三个子课题的研究制作工作，完成了1200多名学生的成长册制作，现已结题并通过了省级课题鉴定，获得了兰州市基础教育科研成果二等奖，并被中央教育科学研究所立项。此项工作得到了莅临学校检查指导工作的甘肃省教育厅总督学李晶的高度评价："这是我见过的成长册制作最精美、最完善的，堪称甘肃省第一家！"在滕校长的引领下，学校形成了一种人人关注教育教学，人人从事课题研究的良好氛围。目前学校有92%以上的教师直接参与了省、市课题的研究工作。近几年，学校先后承担国家级科研课题1项，省市级规划课题32项，其中21项课题已结题，17项课题获省市级教育科研优秀成果一、二、三等奖。有87项教师个人课题立项，其中59项课题结题并获奖，还有28项课题在研。学校被兰州市教育局授予优秀教科研团体奖、兰州市首届教科研先进单位、兰州市教育科研基地学校荣誉称号。

学校的校本教研成果集有30多种，内容涵盖：学校文化系列、评价系列、课题系列、校本课程系列、教育教学系列等。教师在国家、省、市、区级各类评选中获奖或在有关刊物上发表教育科研论文700多人次。师父先后在国家、省、市、区级刊物上发表论文十多篇，并获得兰州市基础教育教学科研优秀成果二、三等奖，且在全区教育工作会上进行了交流。

学校教育的重心和主阵地在课堂教学，最大最经常化的教研也应该在课堂教学中。为了切实提高教师的课堂教学能力和课堂教学中的教研能力，师父提出了"以学论教"，即以三七开评价课堂教学，三分看教师的教，七分关注学生的学的评价体系。在这种评价体系的引导下，一种师生间、生生间此起彼伏、自然真诚的互动与交流氛围在玉门街小学蔚然成风。在此基础上，师父通过引导组织学校教师开展好"六节课"活动，努力打造有效课堂。普听课：每个月的第二、三周进行全校任课教师普听课，促教师、学生及早进入新学期教学状态；推门课：了解掌握教师、学生的教学、学习常态，进行有效的监督、监控，检查与指导，提高教师课堂教学效率、学生学习效果；示范课：开展骨干教师、学科带头人献课活动；评优课：开展校内评优课，评选校级优秀课，进行表彰；研究课：适时组织学科教学研究课，人人参与互动，研究、探索学科教学模式；达标课：结合市区教研室开展新课程达标活动，教师争上达标课。

师父以其朴实无华、严谨治学影响和激励着每一位教师。在她的带领下，全体教师依托科研兴教走上了专业化成长的道路，近几年先后涌现出全国、省、市、区级优秀教师、教学骨干、教学能手、学科带头人、教学新秀等达50人次之多，教师获区级以上各类奖项有400多人次。

2011年，师父被评为兰州市首届金城名师，成立了兰州市小学语文滕铭娟名师工作室，在西固区组建了由城区学校优秀教师代表、教研员、省市级骨干、市优秀教师、市教科研先进个人、市教学新秀等教师组成的名师工作室第一梯队，并卓有成效地开展了各项工作。2012年，组建工作室第二梯队，把工作成果辐射到各中心校以及农村薄弱校。一枝独秀不是春，百花竞放春满园。她深深地知道，个人的力量毕竟有限，只有全校教师都提高了，才能真正提高教育教学质量。教师队伍的发展、壮大、提高是办好学校的希望所在。就这样，滕铭娟工作室本着"让每一位教师有进步，让每一位教师有收获，让每一位教师有发展"的原则，对不同梯次的教师定不同的培养目标，为不同层次的教师搭建不同的展示平台，在"专业引领、同伴互助、自我反思"的教研模式下，通过师徒结对、外出学习、重点培养、督促自学、专家指导等途径培养更多的本校及本区内的名师。兰州市小学语文滕铭娟名师工作室自成立以来先后走进新城、柳泉、东川、福利三小等以及兰州市帮扶学校皋兰瞿家尖小学、红古平安镇中心校、区帮扶校金沟中心校和区实验小学等学校，进行送课交流及教科研讲座，并于2014年5月到陇南市西和县晒经乡晒经学校进行了送课交流活动。滕铭娟名师工作室平台不仅直接有效地促进了工作室成员个人发展，而且以点带面地引领我区学校语文学科的整体发展。工作室成员在工作室内快速成长，学校有三名教师先后被评为西固区名师，并分别创建了"西固区小学语文牟作林、张英、张晓霞名师工作室"及"西固区张心兰名班主任工作室"，为教师们的教学研究提供了更为广阔的研究空间。

多年来，师父一直仰慕专家学者的风范，无论工作多忙，她都坚持学习，并勤于思考，勇于钻研和探索。她还十分关注教育改革动态和前沿教科研成果，具有强烈的改革意识，总能放眼教育事业，用科学的视角谋划学校的发展和未来。通过不懈的学习和探索实践，不断吸收国内外先进教育理论的精髓，她确立了全新的教育观念，形成了自己独特的办学思想，在西固教育战线上脱颖而出，成为理论功底厚、教育观念新、改革意识强、办学成果好的知名校长。2012年，她被评为兰州市首届金城名校长。一个好校长等于一所好学校，一个名校长支撑一所名学校。正是有了她这样的好校长、名校长，玉门街小学才迈上了品牌化发展的名校建设之路。在实施素质教育，推进教育现代化的过程中，师父善于思考研究，富于革新创造。她经过多方面的调研，广泛地征集教师、家长、学生的意见后，确定了学校走文化发展、内涵发展、特色发展、品牌发展的思路。在她的引领下，学校着力将原有的文化底蕴融入并贯穿于学校各项工作，深挖以"璞玉、润玉、美玉"为主题的学校文化内涵，创建了"玉润"文化特色品牌，制订了"大家不同，大家都好"的特色育人目标，实现了"美的教育雕琢美的人生"的教育愿景，收获了社会满意的教育质量，促进了学生德智体美全面发展。

实践证明，科研兴教、科研兴校战略不仅成就了教师的专业发展，同时也成就了学校的内涵发展。玉门街小学由过去的14位教师，6个教学班，218名在校学生的"小"学校，发展成为现在的65位教师，24个教学班，1200多名在校学生的"大"学校。学校连续十年荣获西固区教育质量优秀奖，连续五年荣获兰州市教育质量优秀奖，先后被评为甘肃省"园丁奖"先进单位、甘肃省中小学标准化心理咨询室示范学校、甘肃省抗震减灾示范校、兰州市教育系统先进单位、兰州市学校文化建设示范校、兰州市艺术特色示范校、兰州市标准化学校、兰州市和谐校园、兰州市示范家长学校、兰州市语言文字示范校，连续五届获西固地区大合唱一等奖、兰州市金奖，连续四届获兰州市中小学生艺术节金奖、银奖，连续三届获兰州市百所中小学优秀大课间优秀组织奖，全国中小学生绘画、书法作品比赛先进集体等。学校发展之迅速，令人振奋；成绩之卓著，令人瞩目。学校让家长满意度越来越高，受到各级领导、社会各界的好评，社会声誉日益攀升。在"两基"迎国检及标准化学校创建中，学校工作得到了省市区领导的高度赞誉。学校软实力强，有底蕴、有内涵，这种实力不仅体现在学校的教育质量方面，更体现在学校自上而下、方方面面透出来的那股"精气神"。

"玉在璞中不识宝，剖开方知世上珍。"回眸昨天，雕琢今天，师父的坚韧和执着成就了玉门街小学最美的教育。我们师徒会永远携起手来，努力投身于教育教学事业，幸福自豪地"走在教育路上，创造如玉人生"。

写于2014年12月

第一篇 我的教育故事

"1234" 齐步走

——今天我来当校长

尊敬的各位领导、各位评委老师：

大家下午好！

我是玉门街小学褚丽霞，首先感谢教育局给我们这样一个公开、公平、公正的竞职机会，感谢为筹备这次活动费心费力的各位领导，也感谢各位评委的辛苦付出，感谢你们给我搭建了一个展示自己、推荐自我的平台。

我演讲的题目是《"1234"齐步走——今天我来当校长》。

一、一次挑战

抓住区委区政府打造西部教育名区的机遇，抓住教育局"教育教学改革十条"的落实契机，牢记张达局长"机遇意识要强"的嘱托，敢于担当大任，迎接挑战，走向成功。当机遇来临时要把握机会，许多时候，人总得给自己加加压、使使劲。在压力和挑战面前不退缩，这既是一种勇气，也是一分收获。

二、两个"不负"

一不负父母养育之恩，能站在这个演讲台上，他们会因我的上进和努力而自豪，相信这是给他们最好的礼物，也是最大的孝顺；二不负领导培养之恩。在18年的教育教学生涯中，邹延仁、韩秀芬、滕铭娟、马光兰这些优秀的校长让我从一名师范毕业生一步步成长，不断进步，他们也付出了许多心血。滕校长推荐我参加此次校长竞聘活动时鼓励我的话犹在耳边："不逼，永远不知道自己有多优秀。"更上一个台阶是对领导们多年信任的感恩与回报。

三、三个"有"

（一）有优势

爱读书，爱学习，有扎实的文字处理功底；有农村学校、薄弱学校、优质学校三所学校的工作经历；有班主任、教研组组长、教导处干事、教科室主任、办公室主任的成长经历，对学校各层面的管理事务比较熟悉。

参加培训多。从2001年参加北京论文研讨会开始到近两年的福建国培、海口课题培训、河南"少教多学"培训、南京秦淮区学校文化学习、南京玄武区管理干部培训，这些培训拓展了我的视野，更新了我的理念，也让我学到了优秀学校发展的路子。

有亲和力。与上级领导、教师、学生、家长沟通顺畅。

（二）有业绩

玉门街小学可以说是西固区窗口学校。学校迎检任务重，从两基验收、标准化学校创建、学校文化建设、德育示范校、艺术特色校创建等一路走来，我承担了主要任务，为领导献计献策，为老师们准备材料，为了做好这些工作，付出了很大的努力。学校的问题、困难也历历在目，可看到学校的优质态势发展，内心是欣喜的。我的为人和能力已得到师生的认可，个人也获得了兰州市教书育人楷模、市骨干、市信息技术先进个人、区优秀教师、师德先进等24项荣誉称号，还获得了省教育厅科研成果二等奖等27项课题研究类荣誉，以及获得了30项学科教学类荣誉。

（三）有想法

新安路小学环境洁净优雅、硬件设施完善一流、师资力量优质、学校文化气息浓郁，有17个班，57名教师，606名学生，是一所获奖颇多的优秀学校。假如我竞聘成功，我会接过前任校长的火炬，跑好这一程。

1.四种校长类型

（1）做研究型校长。校长的管理知识拓展、管理能力提高和专业素质的发展，都离不开研究。教育科研是校长从"行政事务型"向"专家型"转化的孵化器。校长只有多钻研，常反思，找不足，求上进，才能在岗位上站住脚，立住根。

（2）做服务型校长。服务学生，服务家长，服务老师，服务社会。

（3）做创新型校长。将新安路小学成为小范围内的品牌学校。治校六大核心要素为：理念决定品牌、课堂铸就品牌、管理维护品牌、文化提升品牌、团队打造品牌、科研助推品牌。

（4）做智慧型校长。智慧的校长应具有教育智慧、领导智慧和管理智慧；智慧的校长应努力让文化管理学校，让制度管理与情趣管理刚柔相济，让师生快乐生活。

2.三个结合

想法和打算是抓住"三个结合"，稳步推进学校工作。

（1）教育科研工作与推进教师"合作研究"相结合。

积极引领教师互相听课、评课、研究课、集体备课；要敢于同专家、领导、名师一起研究，形成浓厚的研究氛围。形式：①与指导型的教师合作；②与观摩型的教师合作；③与研究型的教师合作；④与走进学校的教学研究者、专家之间相互学习和研究，特别是在区域教研活动中与上级学科教研员在互动式切磋中学习；⑤加强与校外培训机构的联系，定期举办教学研讨会、学科教学论坛等，吸收校外、区外、市外甚至省外资源为我所用。

（2）课堂教学与提高整体教师队伍素养相结合。

课堂教学是学校的核心，要打造"德艺双馨"的教师团队，提高每一位教师的教学水平。具体抓手为：①教学模式的形成和创新；②每位教师教学主张的初步形成，要将过去那种"封闭型"教学方式转变为开放式的主动交流、相互启发，相互补充，互学互补，形成思维碰撞，从而产生新的教学思想，形成更有效的教学策略；③微课程、翻转课堂的实践运用；④实践、反思、探讨、总结。

（3）课程改革与学校管理、学校特色相结合。

① 优化校本课程，围绕新安路小学已开发的西固文化课程和热爱家乡课程，丰富并发展课程内涵，突出时代性和地域性特色，着力把学生培养成具有国际视野、民族情怀以及具有融通个性和一定文化生活品位的现代人，满足家长、社会对优质教育的期望。

② 强化学校文化提升学校品牌。南京玄武区如北京东路小学、成贤街小学等品牌学校的成功办学经验告诉我们，学校文化是一所学校内部形成的为其成员所共同遵循并具有同化力量的价值体系、态度作风和行为方式的总和，它展示了一所学校具有的独特的风格和精神。建设富有个性的学校文化是时代发展的客观要求，也是我区建设品牌学校的自身诉求。新安路小学文化定位是"快乐教育"，怎样让孩子获得真正的快乐？我想起了"鱼缸法则"：养在鱼缸中的热带金鱼，三寸来长，不管养多长时间，始终不长，然而将金鱼放到水池中，两个月时间，可以长到一尺。对孩子的教育也是一样，孩子的成长需要自由，需要快乐。把属于孩子的还给孩子，这可能是最好的回答。在堪称教育经典的《窗边的小豆豆》一书中，"巴学园"成为真正的快乐学校。造一所快乐学校，老师们快乐地教，孩子们快乐地成长，让校园洋溢着张张笑脸——这是每一位教育人的教育理想。我打算从深化和创新方面继续做好以下工作：一是承上启下，培育底蕴。二是构筑体系，凝聚精神。三是落实仪式，固定表象。让"快乐教育"之道不断焕发新的活力。

四、四颗"心"

1. 热心

"捧着一颗热心来，不带半根草去。"这颗热心包括对祖国教育事业的无限忠爱，对学校烈火般的热爱，对老师春天般的挚爱，对学生慈母般的疼爱。不带半根杂草去，但有一天，当我离开这个学校的时候，我要带走三张笑脸：①领导、家长满意地笑；②教师幸福的笑；③学生开心地笑。

2. 责任心

我举个例子：2014年11月24日，我像往常一样早早来到学校，收拾完办公室卫生准备下楼参加升旗仪式，从三楼往楼下走，这时下楼广播响起，当我走到三楼通往二楼的楼梯拐角处时，实验学校和玉门街小学学生一起往楼下走，而不巧的是有十几个从操场搞完卫生的一年级学生正好往上走，急着赶回教室放清扫工具。孩子们拥堵在了一起，上，上不了，下，下不去，一年级学生又小，没想着转身下楼。当时我吓出了一身冷汗，天哪！传说中的踩踏事故随时都有可能发生。情急之下，我大喊着，"退后，退后"。可一年级的孩子小，认死理，还使劲往上挤，我急了，一边用身体挡住还欲往下挤的学生，一边奋力喊着："你，转身，下楼""你，不许再挤""你，马上下楼"……终于，等孩子们都顺利下楼后，我马上跑到主管安全的杨昌利副校长处，第一时间汇报了此事，请求他马上强调此事。杨校长没有耽搁，马上联系了正在主持升旗仪式的实验学校孙晨书记，让孙晨书记在升旗仪式上第一时间对全体师生进行防踩踏事故教育。这时我才长舒了一口气。从那以后，每天的课间操或学生集会下楼时间，我都会离开办公室，守在最危险的楼梯拐角处，引导孩子们下楼。我觉得这是我的责任，没有什么比学生的生命安全更重要。

3. 吃苦耐劳之心

英国首相丘吉尔说："我没有什么可以奉献，有的只是热血、辛劳、眼泪和汗水！"一个好校长就是一所好学校，一所好学校必须有科学的教育教学管理体制和第一流的教育教学质量。这并非易事，它需要管理者付出更多的时间、精力和辛劳，承受更多的压力、挫折和责任。这些需要竞聘者做好吃苦的准备。

尊敬的各位评委，作为这次竞聘的积极参与者，今天我肩负着玉门街小学全体师生的重托和希冀，成功与否都将是我进步的阶梯！失败，我只会以更加饱满的热情投入工作，不辜负大家的赏识和厚爱！成功，我只有用百倍的努力来践行我的诺言，回报大家的赏识与厚爱！

我的演讲完毕，谢谢大家！

写于2015年1月

我身边的好校长——滕铭娟

一、初识

2001年，刚工作不久的我有幸结识了西固区教研室教研员滕铭娟。初见滕老师，她戴一副眼镜，文静中透着大家闺秀的气质，轻言细语，一举手一投足间显露出学者所特有的内涵。我冒昧找滕老师是源于一篇论文的修改，心中没底，作为教研员的滕老师，工作那么忙，能为一名普通年轻教师改稿子吗？怀着忐忑，带着紧张，我抖抖索索将文章递到了滕老师手中："滕老师，麻烦您帮我看看。""快坐快坐，我马上看，"十分钟过去了，二十分钟过去了，一直煎熬了近一个小时，滕老师才抬起头来："这位老师，您过来看看。"站在滕老师身边，我望向稿子竟吃了一惊，这哪里是"看"一下呀，完全是精批细改呀！密密麻麻的红字布满了稿子的每个角落，在稿纸上寻一丝空隙竟然很难。听着滕老师的低声指导，我的眼睛不禁湿润，心中涌起了一丝感动：这就是为人师者，这就是我们的好教研员！

二、悦纳

也许是缘分，2008年，怀揣着教育的梦想，怀揣着对新环境的向往，已经35岁的我由农村学校调入了滕铭娟所在的玉门街小学。此时的滕铭娟已是一校之长，短短几年时间，这位集知性、优雅、勤奋、执着于一身的女性在她担任校长期间，使学校从薄弱走向强盛，从规模发展走向内涵发展，使玉门街小学在西固教育界独领风骚，学校特色显著，教师队伍日益壮大，学生全面发展。我来到玉门街小学，我明显感到了自己的不足，业务水平急需提高，与人沟通的能力有待加强。滕校长以一个长姐的情怀洞悉着这一切，接下来，听课、评课、议课、学习、交流……每一次，滕校长都亲自参加，悉心指导，要求教研骨干多多关心帮助。悦纳是一种胸怀，帮助是一份情谊，在她的精心指导下，我的业务水平迅速提升，短短五年，已成为学校教研骨干、西固区教学新秀、西固区优秀教师。

三、鼓励

2013年的夏天很不寻常，我在滕铭娟校长的推荐下参加了兰州市十大教书育人楷模评选，此次评选范围广，评选名额少，对参评人员要求极高。我没有信心参评，毕竟自己仅仅是一名普通的一线教师，如何同那些荣誉满身的名师去竞争呢？滕铭娟校长得知后，在百忙之中抽出时间，帮助我整理材料，并发动自己的亲朋好友为我进行网络投票，20多天下来，滕校长瘦了，眼睛布满了血丝，嘴唇上火起了血泡。功夫不负有心人，在滕校长的关怀鼓励下，我终于如愿以偿，被评为兰州市教书育人楷模，为西固区、学校、自己争得了至高荣誉。亲爱的滕校长，这一切，作为一线教师的我，怎能忘怀？

四、赏识

还记得那个萧瑟的冬日，滕校长找到了我，对我说："这几年，你迅速成长，工作上深得老师们的肯定和信任，学校决定让你担任教科室主任一职，希望你再接再厉，干好此项工作。""我，行吗？""我欣赏你的人品，更相信你的能力，一定行。"看着滕校长那信任的目光、瘦削的肩膀，我暗下决心，一定不负领导重托，为领导分忧，报答知遇之恩。接下来的日子里，除了忙碌，还是忙碌，但滕校长更忙。她似乎没有好好休息过一天，除了繁重的校长事务，还有许多校外的工作等着她。例如兰州市小学教师高级职务任职资格评审委员会委员，兰州市小学特级教师评审委员会委员，兰州市小学新课程师资培训讲师团成员，兰州市第十一、十二届党代表，西固区第十六、十七届人大代表……为了做好每一件事，她高瞻远瞩、谋划未来，她兢兢业业、事必躬亲，她呕心沥血、废寝忘食。这难道不是一名优秀校长的典范吗？

五、感激

滕铭娟校长特别关心同事的生活。2013年7月，我的丈夫达朝元老师得了胆囊息肉，需要做手术。得知这一情况后，滕校长第一时间对我的工作进行了分工安排，并亲自代替我去开兰州市教科所教科研会议。让我解除了工作上的后顾之忧，得以安心照顾生病的丈夫。这份情谊让我一家至今感激不尽。不仅我，学校其他许多老师的孩子就学、老人生病、婚丧嫁娶等，也都得到了滕校长的关心和照顾，不由得令人万分感慨：一名女性，怎么能保持那么旺盛的精力，怎么能挤出那么多时间，怎么能做到如此出色？

在西部教育界，滕铭娟校长为教育事业呕心沥血，付出了青春和热血，也得到了所有教育界同仁的认可和高度评价。

谢谢您！滕校长！

写于2015年2月

不抛弃，不放弃

——后进生教育的体会

关心、教育每一个儿童，特别是各方面后进的儿童，是我们教育者艰巨的任务。我们每个教育工作者必须具备良好的师德修养，树立信心，摸清儿童，探索科学、正确的施教方法。身为教者，身上的责任更为重大，盘点已逝的日子，总结工作中的得失，反思自己的一些作为，那些令人欣慰的、遗憾的、惭愧的，仿佛就发生在昨天，让人怎么也忘不了。特别是那几个孩子，让我深深地感悟到以下几点。

一、不能抛弃孩子

从对后进生的教育过程中，我深刻地认识到，对学生的教育要有的放矢、灵活操控。针对不同学生的特点，就应寻找不同的教育方法，给他们一次改过的机会。

记得刚接六年级某班时，学校安排集体舞训练。训练时，杨乐和同学不知为什么吵起来了。本来也不算什么大事，劝说几句，让他们顾全大局，有事等练操结束再说。可杨乐偏偏不依，先大声吵，而后哭，最后干脆离开队伍跑到教室去了。我连忙跟了过去，做他的工作，可无论怎么说，他都不听，死活不肯下来。作为新班主任的我真没辙了，只好去搬救兵，听说他跟数学教师杨老师关系不错，赶紧将她叫来。谢天谢地，总算说动了杨乐，他回到队伍里绷着脸跟木头人似的。

当时我想，这个学生的脾气这么大，教室里也不会安分吧？果然不出所料，杨乐上课时总是惹旁边的同学，如旁边同学不理他，便转向后面的同学。下课他也惹是生非，碰到个性强的就打起来了。我除了想办法把他们劝开，就不怎么去理他，认为这样的学生不可理喻，说了也白说。

一天，杨乐跟同学打架，我气急了，叫他妈妈来共同商量这个孩子的教育问题。家长对我很信任，寄予极大的希望。看着家长信任的目光，我内疚起来。就这个学生来说，我是一个好老师吗？我们常说要像爱自己的孩子一样爱学生，如果他是我的孩子，我会怎么做呢？以后上课，看到他违反纪律，我总是用慈爱的目光来暗示他，让他好好听课；有时我会轻轻走过去，扶正他的坐姿。虽然他还是经常重复错误，但我能理解，他不是故意的，坏习惯要改掉可不是一朝一夕就能做到的，要给予时间，作为老师要有耐心、恒心。

一次，杨乐又旷课了，当时我又急又怕，想方设法找他，找到后，怕他又逃学耽误功课，我请求家长接送他，有时顺路还送他回家，一路搂着他的肩膀给他讲一些道理，随着时间的推移，我们的关系拉得更近了。慢慢地，这个孩子真的变了很多，很少发脾气了。

从这个学生身上我深深体会到，原来所谓坏孩子仅仅要求我们去多关注他而已，不能因为他是大家口中的"坏孩子"而抛弃他，否则我们的一生都会因抛弃他而愧疚。如果你真正在关心他、帮助他，哪怕他进步一点点，那也是为人师的幸福。

二、不能放弃孩子

案例一

新学期开始了，学生面对新的课本，好奇心与要有一个良好开端的想法交织在一起。我跨进教室，微笑着表扬同学们精神饱满，坐得端正，认真听课，穿戴整洁，是一群爱学习、讲文明、有礼貌、守纪律的好孩子。瞬间我与一个小男孩的目光相遇了，我假装漫不经心地走到他身边，翻了一下他又脏又破旧的作业本，从卷着的一角，我看到了他的名字——小王。

接下来的日子里，我对他有了进一步的了解。他是大家眼中的"问题孩子"。

课堂上，对于自控能力较差的小王同学，我不知多少次或用眼神，或不经意地来到他身边暗示他坐好听课。他常自顾自地玩耍，有时免不了把东西掉在地上发出声响，这就分散了大家的注意力。特别是有时候课堂上形成了一种良好的学习氛围，被他一搅，气氛全被破坏了。这时候，我往往会忍不住责骂他几句。他便不理睬我，看见我会虎着脸不声不响地从身边走过去，旁若无人。来硬的不行，我只好改变策略，来软的。一次，他又捣乱了，我叫他到办公室，没提他捣乱的事，而是将我事先准备好的一支钢笔送给了他，并对他说："老师以前对你关心不够，希望你能给老师一个关心你的机会。"他第一次不知所措了。他当然也不是一无是处。他会认真做值日，把地扫得干干净净。如果有谁因事需要帮忙，他也会热情帮助。为此，我没少表扬他。

可是过了一段时间，他又"旧病"复发。早上，我强调不准顺着楼梯扶手往下滑，可他中午放学时就滑下去了，还撞到了一名小同学，我把他叫到办公室教导一番，他却没当回事，毫无悔意，回到教室，竟然还和同学大谈接受教导的精彩场面。但我只能选择宽容，用关心、耐心去感化他，我很诚恳地告诉他：滑楼梯是多么危险，给他假设了可能出现的种种后果，如果出现其中一种，对你的家庭会造成多大的伤害。他也认识到了自己的错误了，从此再也没有惹事。

后进生一般自制力较差，在学习上有一定的困难，有时难免会产生厌学情绪。我班的小刘就是一个典型的例子。他的家长工作繁忙，孩子又贪玩，经常不做家庭作业，每当我问起来，他总是用同一句话来搪塞我："我的作业忘带来了。"我曾多次找他谈心，引导他改掉这一坏习惯。通过深入了解，我首先帮助他分析学习成绩始终无法提高的原因是知识掌握得不牢固，让他认识到做作业是对所学知识进行复习巩固的过程，并鼓励他按时完成老师布置的作业。在多次找他谈话以后，我和他的家长也进行了沟通，终于他开始完成作业了，但我总担心他的坏习惯有反复的可能，所以，我在平时的生活中加大了对他的关注。我欣喜地发现，他在上语文课的时候，喜欢积极回答问题，踊跃举手争当小老师。那天上课的时候，我抽他来当小老师，引导学生进行生字教学，他起初没有信心，有点羞怯地走到了讲台上。我发现以后，对全班同学说："同学们，你们知道，以前的小刘老是不爱做作业，不背书，你们看，现在他能够大胆地举手起来当小老师，这是一个多么大的转变啊！让我们用最热烈的掌声欢迎他！"教室里响起了雷鸣般的掌声。有的同学甚至对他竖起了大拇指，我看到了小刘眼里闪烁的点点泪光。我知道，这个曾经懒散的孩子将要脱胎换骨了。

从这个学生身上我深深体会到孩子能从你的眼神中读懂你是否跟他处在平等的地位。你的举动、你的言语都会从你的眼神里流露出来，他能体会到你是善意的还是恶意的，是亲昵的还是敷衍的。俗话说："亲其师，则信其道。"教师走近学生的身边，走进学生的心灵，多抽时间和学生进行心理沟通，了解、掌握现在孩子的心理，弄清他们在想什么，他们喜欢什么、不喜欢什么，就可以有的放矢地对他们进行教导。如果教师能多一些感情投入，注重从心灵上去感化他们，使这些学生从心灵深处接受你，那么他们就会听你的话，并鼓足勇气克服缺点、战胜自己，努力成为一名好学生。

第二天，我便找小刘诚心交谈，首先肯定他的闪光点，如重义气、勇于承认错误，这是非常宝贵的品质，我很赏识。然后对他提出要求，在这后半学期要严以律己，不要再做出违反纪律的事情。因为态度诚恳，他欣然接受。但由于他学习习惯不好，上课坐不住，说话、转头、不交作业，影响了上课秩序，为此我第二次找他交谈，问他为什么不能遵守课堂纪律？为什么不按时上交作业？见他低头不语，我便帮他分析他存在的问题：一是自制力差，二是学习没有目标。见他不反驳，我便给他开治病的药方：让班长与他同桌，监督上课纪律；督促他按时上交作业。这以后他上课安稳多了，作业也能按时上交了，我又趁热打铁对他多鼓励、多表扬，激发他学习的积极性。

案例二

班上有一名叫小郑的学生，该生父母常年在海上打鱼为生，他和年老体弱的爷爷奶奶一起生活，属于留守学生，个性倔强，不听老师的话，有学习的头脑却没有形成良好的学习习惯。刚开学不久，一天，该生因为数学老师批评他没有按时交作业，居然对老师讲粗话，还把书本甩向墙角。我担心这对班风有所影响，因此，当即将他叫来，让他向数学老师道歉，并且从个人身心、中学生行为规范、校规校纪方面出发，讲知识、摆道理、让他明白事情的严重性。他表面上是受教，但是从他个人傲慢的表情里可以看出很多不满。因为他的家庭情况，我只好给他慢慢改变的机会。

过了一段时间，他又犯这种毛病，我这次又将他叫来，对他说："小郑同学，我看你还是改不了哦，我已和政教处沟通过了，咱不如这样，将你父母叫来，让他们把你带回去休整一段时间再说。"他听了，没敢和我说话。我又故意严肃地问他，家里远不远，老师把你送回去，路好不好走？他这下慌了，请求我原谅他。我板着脸说："你的话我不信了。"这下可把他急坏了，眼里含着泪水，还和我说对不起，我就此说给他再改过的机会，并希望他能够帮助管理班级工作，考虑到他在慢班的数学成绩不错，所以让他当数学科代表，他当时也很乐意。

事后，我发现他在教室、宿舍有些沉默寡言，见了我怯生生的。我想这是受到批评后产生的负面影响，在心理上产生了压力。如果长期这样，会影响学生的学习情绪。我便在几次班会上就他劳动、纪律方面给予表扬，还有意在班上说："……无论在行为还是学习上受到了老师的批评，都不要有心理包袱，因为老师的批评是一种爱、一种关怀和一种期待。在老师的眼里每位同学都是一件待雕的木刻……"渐渐地，他脸上又展现了昔日自信、快乐的笑容。

当然，这个学生因为长时间没有得到父母的真正关爱，总是反复出现这样或那样的问题，我还不断地想办法解决他的问题，只能等到"金石为开"的那一天了。

从教育学生的过程中，我深刻地认识到，对学生犯错的处理必须提升到一个高度。首先，要使学生从心理上深刻认识到事情的严重性。只有这样，才能使他们从心灵深处受到震撼。其次，在他自责、自我批评、承诺改正错误时，要提出要求，要其承诺以后再犯此类错误时怎么办，并健全监督机制。接下来，必须予以关怀、安慰，寻找适当时机给予鼓励，给他一个平等、温暖的改过机会。因为此刻如果学生压力过大，一蹶不振，会丧失学习兴趣或生活信心，更有甚者会产生严重的心理疾病。

学生在校，不但要学习文化知识，更要学会做人。学生正处于世界观、人生观、价值观的形成时期，自然会犯错。我们不怕学生犯错，怕的是我们不能正确引导学生改正错误。

三、多给犯错的孩子一点"宽容之爱"

对犯错误的同学，我从不火冒三丈地批评、甚至训斥，而是从"爱"字出发，从关心入手，体察谅解，甚至加以"庇护"，使他们体会到老师的良苦用心而醒悟，使他们觉得老师信任他们，真心对他们好，自己应该好好学习，不然对不起老师，从而产生一种"情感报答"的心理。

有一天，我还在办公室批改作业的时候，我们班的学生吵吵嚷嚷地来到我办公室，我知道这一定是班上发生了什么事，我走到门口问道："孩子们，发生了什么事？告诉老师，好吗？"我话音刚落，大家像炸开锅似的，七嘴八舌地说了起来，我扬了扬手，示意大家安静，然后让班长把这件事说给我听。原来是这样：班上的一名男同学小蔡把教室里的讲桌损坏了。小蔡是我们班上最调皮的，他经常欺负班上的同学，老是喜欢搞一些恶作剧，但每次老师找他，他都不承认自己的错误。

这一次，我不能再采用以前的那种教育方法了。我先把所有的同学都支开。在下午上课的时候，我走进教室扶起了那张跌倒在地的讲桌，望着七八十双等待的眼睛说："同学们，刚才班上发生的事情我知道了。不过，我想，小蔡一定不是故意要损坏这张桌子的，因为这讲桌是每天老师给大家讲课的地方，他一定不是故意损坏的，你说，是吗？"我用温柔的眼神看着他，他红着脸不好意思地低下了头，我看我对他的"庇护"起到作用了，然后借机讲了几个雷锋叔叔的故事。从他的表情我可以看出，他这是听到心里去了。

第二天我到教室上课，特意留意了一下那张讲桌，令我惊奇的是，那张讲桌完好无损，就跟新的一样。我用赞许的眼神看了看他，他的嘴角带着一丝笑意，下课以后他悄悄递给我一封信，信上说："老师，谢谢你当时没有狠狠地批评我，否则，班上的同学以后都不会跟我玩了，我会很孤独的。我以后一定改正错误。这是我昨天放学以后，让我爸爸来给我修好的。"从那以后，他不仅改正了错误，还当上了班上的纪律委员，并且当得很出色！从别人眼中的"坏孩子"到称职的纪律委员，他跨越了多大一条横沟啊！对此我真的比什么都开心。

写于2015年

由教师到名师的心路历程

——我的教育故事

从1996年我从兰州师范高等专科学校毕业去农村学校任教算起，到现在已从教整整23年了。这么多年过去了，自己从一个怀揣梦想的青年教师已然成长为积累了些许经验的中年教师。回首往事，我在农村中心校工作了4年，在城区薄弱校工作了11年，在城区窗口名校工作了8年，日子一年年过得飞快，教师的生活年复一年地重复，热爱教育的情怀让我在学校这片热土上挥洒了青春与热血。20多年来，我在三尺讲台上寻找着理想的教育教学方法，追寻着一个又一个教育梦想，也实现了自己人生的价值。今日想来，当初选择当教师，无怨无悔。

一、学生是心中的太阳

参加工作那年，我22岁，当我第一次站在讲台上，面对台下六年级40多名学生时，慌神了。我不敢看那一双双眼睛，也不敢开口大声讲话，在师范学校里学到的理论和实习时的经验全部在那一刻消失不见，有的只是故作镇静的虚架子，匆匆忙忙做了简短的自我介绍后，我便让学生开始做自我介绍。学生们一个个走上台来，努力向新老师展现着自己最好的那一面，而我压根儿就没记住几个孩子的姓名。好不容易熬到下课，我飞也似的逃离了教室。一名女生跟到办公室，怯怯地说："老师，没关系，我们会听你话的。"孩子的话语如一束心灵的阳光，点燃了我心中的火焰，挫败感一扫而光，我暗下决心：一定爱每一个孩子，这辈子当好"孩子王"。

这节课成了最最平凡的开端，接下来23年的教书育人、23年的师生相伴，在心底留下的点点滴滴、丝丝缕缕，是弥漫开来的幸福！是平凡教师的平凡幸福！！它像那埋在地底的醇酒，历久弥香；像那深山老林的清泉，常流常清。

学生成了我常挂在嘴边的一个词，孩子们也一直陪伴我走在教师成长的路上。我会因他们而悲喜，因他们而自豪，学生已融入我的生命中，与我息息相关。他们学习上碰到了困难，我就想方设法地解惑授业；他们心理上出现了波折，我就设身处地地理解疏导；他们生活中遇到了麻烦，我就竭尽全力地帮助照顾。我只是一个普通教师，不可能让他们个个成就惊天动地的伟业，但至少可以让我带过的每一届学生都能各尽所能，做无愧于自己、无愧于父母、无愧于社会的有德之人。让我的爱伴随着孩子们健康地、快乐地成长。让他们把每一个梦想放飞、实现。

二、课堂是青春的舞台

1997年，上班不久的我在课堂上摸索着、体验着。那时，农村学校不像现在有岗前培训，学校给你一个岗位，你就直接上课了。最初的课堂教学很生硬，就是把教案书上的内容抄到备课本上，然后走进教室宣讲。但年轻的我在课堂上从来不缺乏激情与勇气，学生还是喜欢上我的课的。

印象深刻的是一次区教育局达朝万副局长下校调研，教导处将达局长直接领进了我的语文课堂，事先没接到通知的我，真应了"初生牛犊不怕虎"这句话，我按进度把《将相和》课题写在了黑板上："谁来说说题目的意思？将指谁？相又是何人？"学生在我一步步的引导下，兴趣盎然地议论着、交流着；有滋有味地朗读着、感悟着。机灵有心的孩子们在努力配合着我的节奏，这一节课我虽然也很紧张。但还是圆满地完成了教学任务。事后反馈课堂教学很有效，这个评价认可了我的教学方法，让我内心的喜悦无以言表。从那以后，我更加积极地投入学习与教学中，在语文学科教学中取得了优异的成绩。1997年和1998年我所带班级语文成绩在西固区教育局期末考试排名中名列全区前三，这也为我后来能评上西固区教学新秀，奠定了教学基础。

青春就这样慢慢流逝在飘飞的粉屑里，收获的除了平凡还是平凡。课堂成了我年少轻狂书写梦想的舞台。作为一名小学语文教师兼班主任，我把全部身心都投入到了工作中，我在用心地备课，上课，批改作业，谈心家访……学校公开课上，常常能看到我的身影；教学研讨会上，往往是我抢先发言；学生活动中，也时时有我相伴的身影。我的课堂教学与班级管理水平也在一天天提高，我在实践中积累了点滴经验。2009年，我在西固区教学新秀比赛中以《怎样面对烦恼》公开课获得一等奖，并获得西固区第十届教学新秀称号以及在市教科所组织的兰州市小学思想品德录像课评比中获得三等奖。2016年在兰州市教科所小学《品德与生活（社会）》课堂教学竞赛中，我的《维护自己的尊严》一课获三等奖。此外，我撰写的论文、案例、教学设计等累计获奖19项。这些业绩为我后来参评省级骨干教师奠定了理论基础。

三、他人是指路的明灯

世间所有的相遇皆是缘，有些人与人的邂逅，转身忘记，有些人与人的擦肩，必然回首。时光无涯，聚散有时，在专业成长的路上，我遇到了很多对我有帮助的教师，随着岁月的流逝，许多人已随着单位的变换和工作的忙碌渐渐淡出了视野，然而甘肃省特级教师谢瑞、滕铭娟两位老师却时时浮现在我的脑海里、我的梦里、我的心里，成了指引我砥砺前行的一盏明灯，也成了我关键时期思想观念转型的引路人，我对他们的感谢无以回报，只能转化为我对教育生活的热爱与希望。

谢瑞老师是甘肃省语文教育界专家，她的大半辈子都在研究小学语文课堂，我于2001年因一篇国家级获奖论文而有缘与谢瑞老师共赴大连参加全国拼音教学研讨会。会议期间，她的求学精神感染了我：谢老师每天早早起床，靠在床头先读一会儿教学理论书籍；在会场上的每一分钟，她都认真聆听，不断地记着笔记，她的听课记录上密密麻麻，不仅记课堂实录，还备注自己的听课感想；晚上回到宾馆，打开灯又坐在桌前，埋头写一天的所思所感，还不时翻书查阅。看着这一切，年轻的我羞愧万分，但也让我自此之后立志要做一名研究型的好教师。

滕铭娟老师是兰州市公认的语文学科带头人，在教育界享有较高的声望。她爱学校、爱老师、爱学生，把自己毕生的精力都奉献给了教育事业。她是教学上的实践者和有心人，把课堂教学改革放在首位，经常深入教学第一线，深入偏远山区，进行送教下乡实地听课、交流，影响和带动了一批青年教师主攻语文生态活力课堂，也成就了一批批名师骨干和校长。她知性优雅、睿智练达的人格魅力，她投身教改、深钻业务的教研精神和踏实做事、追求卓越的处事格局唤醒了我，我的每一步成长都离不开她的悉心指导。在我被聘任为副校长一职后，自身业务如何提升？管理理念如何更新？管理制度如何落实？上下级关系如何处理？教师团队专业水平如何提升？教师不服从工作安排怎么办？……这些问题困扰着我，让我寝食难安。我不断地给我的老领导，也是我专业上的师父和生活中的姐姐滕铭娟校长打电话，咨询这个问题怎么办，那个问题如何解决等，她一如既往地指导我、鼓励我，陪我走过了那段艰难的日子。我逐渐从迷茫中走了出来并有了自己的想法和打算。感激的话语太显苍白，我只能暗下决心：努力奋斗，做像她那样的名师！2015年9月，我终于如愿以偿，成为金城名师中的一员，这不是研究的终点，而是又登上了继续前行的列车，我将不忘初心，再接再厉，相信在不久的将来定会走得更远。

四、研究是幸福的道路

2001年新一轮课改的春风吹来，新教材、新教法、新理念使课堂变得热热闹闹，培训、研讨、改革等让我一下子不知道语文教学该往何处去。敛神静心，觉得自己所学太少，适应不了课改的大浪潮，我开始走上了一条研究之路。

最初我参与了我区王建萍（当时是区教研员）校长主持的"读写整合的途径与方法的研究与运用"的市级课题，经过两年漫长的研究，我第一次切身了解了课题研究的整个程序。当2005年课题结题的喜讯传来时，我欣喜万分，课题组成员也在课题研究过程中得到了不同程度的发展。2008年我调入玉门街小学，被选进"建立成长记录实施动态评价"课题组，此课题组历经3年，全面完成了教师成长册、班级成长册、学生成长册三个子课题的研究实践工作，通过了省级课题鉴定并获得了兰州市第八届基础教育科研成果二等奖，此项工作被甘肃省教育厅总督学李晶高度评价为"甘肃省第一家"。

这两项课题的参与研究，让我找准了自己课改教改的落脚点——走教学研究之路。

后来我亲自主持3项省级规划课题并结题，其中"家长学校建设与发展策略研究"还获得了甘肃省第九届基础科研成果二等奖。其他参与的十余项省市级课题也顺利结题。在课题研究的路上，我总结出了一些经验，也收获了满满的幸福，最终由一名普通教师成长为金城名师。可以说，是实践中的教学研究促进了我专业的提高，也使运用到课堂实践中的研究成果更具生命活力。同时，我分别赴陇南武都区、皋兰瞿家尖小学、皋兰石洞小学、皋兰三川口小学、永靖县刘化学校，红古平安中心校、兰化一校、新城中心校、福州第三中学、金沟中心校、东川中心校等校就管理学校课题研究经验开办讲座，在本校发展的同时有效带动兄弟学校的课题研究工作。

"教而不研则浅，研而不教则空。"这句话高度概括了"教"与"研"的相互影响、相互促进的关系。苏霍姆林斯基曾说："如果你想让教师的劳动能够给教师带来乐趣，使天天上课不至于变成一种单调乏味的义务，那你就应当引导每一位教师走上从事研究这条幸福的道路上来。"教师从事研究当然可以作为提高自己、改进教学的手段，但它本身也可以成为目的，因为研究教育教学本身就有乐趣，就是幸福。我就是在研究这条路上幸福着、收获着，也会继续走下去，让研究伴随我教育生命的全部。

岁月如梭，任重而道远，在23年的教学生涯中，我追求着一个教育工作者的人生价值：掬一捧晨曦的阳光，挽一抹落日余晖下的夕阳，听流年花开的声音，留一路的花香。

写于2019年

生活离不开他们

——我的教育扶贫故事

作为一名出身于农村的教师，我深知教育能给孩子们带来巨大的改变，因此，我向来都非常愿意去农村学校送教，也时常提醒自己不忘初心，不忘儿时"长大后，我就成了你"的梦想。无论现在处于什么岗位，我都愿意为孩子们的成长出一份力，尽一份心！而在送教过程中，那些尽心尽力组织的领导、送教的名师、谦虚认真的乡村教师和求知若渴的孩子们，都让我无比感动。结合我送教的课程，我更深刻地认识到"生活离不开他们"！

一、在路上

5月28日凌晨4点，平日睡眠很好的我突然翻来覆去，难以入眠，心里惦记着天亮后要去七里河阿干镇中心校送教、送培、送研。不知道乡村孩子们会不会喜欢我的教学风格，我能不能给阿干镇的教师们带去他们需要的帮助……一想到这些，我索性披衣下床，拿起了经过反复删改的教案，再一次认真审阅；看完教案，打开授课课件，对照教案再次熟悉课件内容，直到每一页、每一个句点都烂熟于心，我才终于觉得踏实了。

6点20分，我出门了。从西固乘坐50路公交车奔赴七里河第二小学，我们要在这里统一乘车去阿干镇中心校。7点50分，当我按时到达约定地点时，兰州市教育局教师工作科贾春霞科长和七里河教育局教研室王伟福主任以及几位名师已早早地等候在那里。他们都穿戴整洁，神采奕奕，一副严阵以待的模样。可以看出，大家对送教活动都非常热心，非常认真。

我从来没去过阿干镇，一路上觉得很新奇，车窗外的景致让人移不开眼。两边绿意盎然的山向身后退去，纯净的空气加上明媚的阳光，一扫近日工作的疲惫，轻松和愉悦直达心灵深处。旁边两位老师各自思索了一会儿之后，开始小声讨论着将要讲授的课程，声音逐渐大了起来，最后我也忍不住参与进去。从各自不同的观点中，我能听出每个人对送教的认真与执着，忽然间我对自己的课程有了更深的认识。"生活离不开他们"是今天上课的主题，我竟然觉得周围每个人对我都是如此重要，无论认知的积累与思想意识的成长都离不开他们！

二、在课堂上

9点30分，课前培训正式开始。阿干镇中心校的二十几位教师已在美术教室等候。我把即将要讲授的道德与法治四年级下册第九课《生活离不开他们》的教学设计和大家进行了分享，然后就教材分析、学情分析、教学目标、教学重点、教学难点等内容跟各位老师进行了详细、有效的沟通。跟每次送教一样，我很期待大家的意见，因为他们的每一次发言，都将是一个新思路的展现，对我而言，是一次学习的机会，也能让我有新的体会。沟通过程中，我把每个人的想法都记录在了一个小本子上。其实，每个人的成长都离不开团队的合作，离不开互相的交流与互补。课前培训结束时，每一位教师都很兴奋，从他们热切的眼神中，我能看出都有了交流带来的收获与期待。我明白，他们更期待在接下来的授课环节能有新的认识和新的体会。

10点20分，我们准时来到了四年级一班教室。课前，学校负责人非常用心，专门在教室等待，为我调试课件。当视频打不开时，阿干镇小学薛校长赶紧帮我下载播放器。几分钟后视频终于打开了，我也松了一口气。这真是越想把最好的课堂教学展示给听课的孩子们和老师们，就越容易出差错。

10点30分，课程正式开始了。作为一名有24年教龄的教师，站在讲台上，可以做到排除一切压力，眼中只有学生。孩子们非常可爱，也非常懂事，规规矩矩地坐着，小眼睛扑闪扑闪地盯着我看，看得出他们很紧张。我赶紧跟他们聊天："你喜欢玩什么游戏？你觉得老师有多大年龄了？你爸爸妈妈是干什么的？"在这不紧不慢的漫谈式课前交流中，孩子们紧张的心情慢慢放松了。教师要做的就是要为学生们在课堂上创造一种舒服、放松、愉悦的氛围，这样学生才能在课堂上积极配合，提高学习效率。在新授环节中，我们就劳动者职业、劳动者与我们的关系以及劳动者对社会的贡献等方面进行了热烈的讨论，引导孩子们明白：不仅亲人父母是劳动者，连自己也是一名小小的劳动者，劳动没有高低贵贱之分。整个上课的过程是让我非常享受的，学生与我配合非常默契，教学环节也在有序进行。孩子们你一言我一语地与我谈论，好像跟我认识好久了，完全没有交流的界限，这一点让我非常欣慰。孩子们从这节课中确实收获了很多，我也从孩子们身上感受到了他们的善良和朴实。农村学校的孩子是憨厚的，农村学校的孩子也是好学的，他们虽然知识面窄，但是努力学习的积极态度一点都不比城市的孩子差。

下课的时候，有一个小女孩走到讲台上来，她手捧着亲手折的一个笔罐说："老师，这个纸笔罐我看见你喜欢，送给你好吗？"那一瞬间，我被感动了，连日来的辛苦都化作了幸福的源泉。正如有句话所说："忙是必须的，累是应该的，为了孩子是值得的。"

11点20分，进入了"课后研讨"环节，我先就课堂教学的优缺点与大家进行了交流。也许是课堂气氛的感染，每一位老师都能畅所欲言地发表自己的感受，交流中已经没有了生疏，竟像是配合多年的老同事般热烈。我体会到了这节课给教师们带来的欣喜，给他们带来的帮助。在这种热烈的教研氛围中，我也感受到了阿干镇中心校教师积极向上的学习劲头，感受到他们对于道德与法治这门学科有效性教学的思考，以及他们听完课以后的收获。同时也让我觉得兰州市教育局组织的名师教育扶贫进农村学校——送教、送研、送培活动，确确实实起到了促进农村教师专业化发展的巨大作用，我们所有的努力都是值得的。

下午2点10分，我们继续在美术教室就四年级道德与法治《多姿多彩的民间艺术》一课进行了集体备课，这节课的授课教师是阿干镇中心校的马晓玲教师。马老师就设计思路与大家进行了交流，教师们发表了自己的一些看法，我也就这节课的教学设计、教学理念等方面进行了指导并提出了一些建议。备课时间很快过去，我们进入教室听马老师授课。马老师的课准备得特别充分，她从一张中国地图开启，与孩子们对话民间艺术。我认真做着记录，积极地进行思考。

上完课后，大家又回到了之前交流的美术教室，进入"课后微训"环节。我进行了题为《我的道德与法治教学主张》的培训活动。培训活动是"送培"的重点，我将自己的经验结合新的体会融入整个培训活动，让每位教师都能找到属于自己风格的教学方式，也促成了名师工作室与中心校结对帮扶协议的签订。看着签好的协议，我感觉到肩上的担子更重了，也明白，今后的生活更加离不开他们了。

三、在明天

五位名师一起走进学校，分学科进行研训活动，这在阿干镇中心校是第一次。这次活动安排得紧凑扎实、容量大、课程内容紧。在中心校谭应红校长的重视下，活动各环节各方面都安排得特别细致，也为顺利授课、顺利研讨做好充分的准备。一天活动下来，五位教师确实很辛苦，但是对阿干镇中心校老师和学生的帮助很大。市教育局尽心尽力安排这次活动，最终取得圆满结果，将送教、送培、送研活动落到实处。回首一天的活动，我们正在进行着的教育事业，是真正需要合作去完成的，缺了哪一个环节都是不完美的。

乡村教育环境虽然艰苦，但教师们选择了坚守，经历着磨砺，守候着内心的宁静，做着自己喜欢做的事；乡村的孩子也需要享受与城市孩子同等的教育资源，这也是国家教育均衡发展的意义；让孩子能享受最好的教育更是每一位家长的心愿。这些，是我这次主动请缨参加活动最大的感受。我们来农村学校进行一次活动，既是义不容辞、当仁不让的责任，也是奉献爱心、服务乡村的情怀。我相信，这仅仅是个开始！

明天，我在继续送教的道路上，离不开教育局的大力支持，离不开每一位热心教育同行的激励与同行，离不开那些求知若渴的孩子们期盼的眼神……

学校推荐辞：她热爱教育事业，一直在教育的一线进行教学工作，身体力行做教育的耕耘者，行至乡村，传播最本真的教育理念——以爱育爱。

写于2020年5月

那年那月那秋色

——名师的生命底色与幸福

三年前，正值职业倦怠期的我发觉再怎么努力，也找不到向上成长的路，情绪一度十分低落。就在我处在教师专业发展的瓶颈期时，在同事的鼓励下，我积极准备、主动参与，凭着过硬的教研能力和充实的材料，有幸在秋波盈盈、稻谷飘香之际，迎来了教师生涯中一个关键的时刻：成立兰州市小学思品褚丽霞名师工作室。如今工作室已走过了三年多的历程，这一路走来，有困难、有疑惑、有迷茫、有欣喜、有收获，但更多的是成长、是体验、是幸福，是常常萦绕耳边的那句喜欢的话语："忙是必须的，苦是应该的，但为了孩子们是值得的。"

2016年，市教育局局长南战军在第一期"名师发展学校高研班"开班仪式上发言：名师要做"明师"，即明白之师，要明德、明理、明知识、明方向、明责任、明人生。2019年，兰州市教育局师资处"三名人才"工作室活动主题确定为"唤醒成长意识，开启幸福之源，成就每位教师，实现卓越发展"。这些方向性的会议、热烈的氛围、领导的视野、人才的云集，让兰州市教育局的学术氛围更加迷人。宏大的视野、殷切的期望，让每一个名师工作室的领衔人心潮澎湃，既明晰了前进的方向，又坚定了作为名师的信念。融入这支优秀的师资队伍中，我也找到了向上、向前、向更高处行走的方向与路径。

一、带好团队——"志合者，不以山海为远"

当选第四届金城名师于我而言是一份沉甸甸的荣誉，但更多的是责任和担当。刚评上后的喜悦与自豪已经在接下来的种种困难中淡化了，团队怎么建？成员如何培养？活动怎样开展？学科怎样建模？……我苦思冥想，向前三届名师请教咨询，在经历了痛苦的煎熬后终于拨云见日，找到了工作室发展的努力方向和第一要义，那就是以立足学科、活动带动、发展教师、辐射引领为宗旨。

工作室成员来自兰州市三县五区的学校，因为梦想，大家愿意借力发展；因为情怀，教师们愿意刻苦钻研；因为热爱，大家愿意交流切磋；因为相知，千山万水只等闲，各地教师聚此室。工作室成员尤其是学员总是仰望名师大咖，其实停下脚步，看看身边的人，才发现真正的教师，真正的好教师不是遥不可及，也才发现真正的圣贤，不是在古书里，不是在电视屏幕里，而师德师风也不是枯燥的理论和高举的旗帜，它就在我们身边，精彩就在我们的工作室队伍里：

它可以是一种状态，是柴桂萍老师的雷厉风行；是刘春梅老师的风风火火；是贾爱娟老师的朝气蓬勃。

它可以是一种行动，是庞丽老师在农村中心校对学生的悉心呵护；是崔玮老师课下对学生的耐心倾听；是郝玉林老师对学生的浓厚深情。

还可以是一种精神，是杜鹃云的好学上进；是张明莉的兢兢业业；是张燕的严肃认真；是米文娟的亲切温润。

更是一种风格，是张莹老师的生动幽默；是王霞老师的精益求精；是王巧慧老师的豪迈洒脱；更是张志芬老师的儒雅从容。

不只是他们，教师队伍中的每一位，都有着独特的魅力，一个会心的微笑，一句温存的问候，一汪感动的泪水，一次倾心的交流，一番严厉的批评，一节精彩的课都体现着老师们的风采和内涵。没有惊天动地的豪言，却在脚踏实地干；没有望洋兴叹的感慨，却用水滴石穿的信念在前行；没有身为人师的骄傲自负，却在收获着一季又一季的桃李芬芳。

"志合者，不以山海为远"，教师们在名师工作室这个平台上不忘初心、砥砺前行，立志向、寻方法、常反思、知不足；教师们也在这个团队中凝心聚力、共谋发展，善沟通、勤交流、爱学习、乐分享。

二、潜心课堂——"春风花草香"

为了发挥领头雁的作用，我一直坚持在小学思品课堂上代课。2018年兰州市"一师一优课，一课一名师"竞赛活动开始，我在督促工作室成员积极参加的基础上，走进录播室，给二年级孩子们上了一节道德与法治课《我是中国人》，课堂片段回忆如下：

望着沉醉于课堂情境中的学生们，我恳切地说道："看得出，大家的心已经激动万分，那有什么话能表达我们此时此刻的心情呢？只有那一句——"我停顿了一下，望了一眼全班同学，孩子们立刻领悟，自豪地大声回答："我是中国人，我爱中国！"声音铿锵有力。

"对，大声说出来，来表达你们此时的心情吧！"我激动地引导着。

早已被激发出情感的学生们再次大声喊道："我是中国人，我爱中国！"声音一遍又一遍在教室里响起。

"下面，请大家拿起笔，再写一写这句话，并将这句话永远地镌刻在你心灵的深处。"学生们一个个认真地、饱含热情地写下了这句话，并铭记于心中。

"想读就读吧！"我指着黑板上的这句话，热切地说道。

"我是中国人，我爱中国！"

"我是中国人，我爱中国！"

……

学生们个个满怀激昂的情绪一遍遍读着这句话。

"很好，语气虽然不同，但感受和认识却是一样深刻！"我夸赞着，然后又充满激情地说："孩子们，通过这堂课，相信你们一定记住了'我是中国人，我爱中国！'这句话。世界上什么都可以选择，但唯独不能选择的就是自己的母亲，自己的祖国。或许有一天，你身在国外，请你别忘了今天的这堂课，更不能忘了这堂课里你记住的'我是中国人，我爱中国！'现在，让我们大家再站起来读一读这句话吧！"

受到强烈感染的学生又一次铿锵有力地读起了这句振奋人心的话："我是中国人，我爱中国！"

"读得太好了！同学们，咱们今天上的不是普通的道德与法治课，而是一堂人生的感悟课。"

又如，执教《夺取抗日战争和人民解放战争的胜利》第一课"勿忘国耻"时我以时间为线，带领学生了解九一八事变和南京大屠杀两个历史事件给中国人民造成的深重苦难，让学生深刻理解十四年抗日战争既是民族的苦难史，也是中国人民的抗争史，我们要铭记历史，勿忘国耻，并以此激励学生从小树立自强自立、奋发图强的爱国志向。

"迟日江山丽，春风花草香。"这样的美好课堂，需要我们每个人努力奋斗，每位成员都在自己的三尺讲台上兢兢业业、探索实践，在课堂主阵地上播种、耕耘、收获……教师们是幸福的，孩子们是受益的。

三、研训平台——"直待凌云始道高"

工作室开展的一次次活动，从"小研讨"到"大讲堂"，从课堂到课程，从课题到成果，从发展规划到读书分享，这些都成了我们专业化成长的训练场和大舞台。

刚开始，成员们怕参加，怕发言，怕讲话，怕展示。记得2016年的一次研修会，我通知18个成员全部参加，可是只来了9名教师。我问不参会的原因，有的教师说学校领导不准假，有的教师说本校工作放不下，还有的甚至找借口说身体不舒服，路远来不了。我虽然着急，可也在反思：是不是活动安排的研修内容大家不感兴趣？或者是我这个领衔人还有什么地方没做好，吸引不来成员？于是，我转变思路，调整方法，改变形式，并且在以后的每一次活动开展前征询成员意见，集思广益，让他们也感觉到自己是工作室的一分子，与工作室同生共长。团队就是一个学习共同体，每一个成员都应该积极投入并尽快成长。

慢慢地，他们在变化，爱参加活动了，发言积极了，主动承担任务了。在工作室承办的三期"名师大讲堂"活动中，成员郝玉林和张莹主动请缨主持活动，其他成员有的搜集资料，有的负责签到，有的评课议课。贾爱娟、张莹老师多次上研讨课和示范课，我和崔玮老师甚至敢于走进西北师范大学"国培班"，为参训学员讲座和上课。在2020年5月13日刚结束的第二十期大讲堂活动中，成员贾爱娟老师跑上来找我："褚老师，这次活动为什么没有安排我讲课或者当主持人呀？"看着贾老师失落的样子，我心生感动与欣慰：团队成员如此积极上进，这说明我们走的路是正确的，是值得坚持下去的，是利于成员发展的。

"时人不识凌云木，直待凌云始道高。"在不知不觉中，大家已经收获了太多太多……

四、凝练成果——"怎得梅花扑鼻香"

有时候看着其他同行下班后可以陪家人散步、游玩，也可以参加一些放松身心的休闲活动，我虽羡慕却没有那么多时间。白天上班，上课、评课、教研活动、培训、主持行政事务、执行上级任务等；下班后写论文、写课题研究报告、做外出讲座PPT、指导教师教学设计等，总觉得时间不够用，总觉得工作很忙碌，也总觉得自己和成员专业发展得还不够好，因此一直不敢懈怠。经过所有成员努力，工作室也取得了一些进步：工作室的主张理念形成了，有了教育追求、教育梦想、育人理念、团队精神，有了成员成长目标，也有了学生培养目标。工作室的第一本专著《中小学教师课题研究指导》出版了。

工作室成员获奖的喜报频频传来。近两年，工作室成员在论文、课例、教学设计方面共计获奖100多项，有12位教师获得省骨干、金城名班主任等各级各类称号，有34项课题获省、市级立项或结题。褚丽霞、柴桂萍被评为省级骨干教师，王巧慧被评为区级骨干教师，贾爱娟被评为金城名班主任，刘春梅、张莹被评为市级教学新秀，张莹、王巧慧被评为西固区优秀班主任，柴桂萍、庞丽被评为安宁区及西固区优秀教师，郝玉林被评为区级教学新秀。

"不经一番寒彻骨，怎得梅花扑鼻香。"每一次喜讯传来，每一位成员成长，我心头的喜悦与自豪便油然而生，所有的辛苦和付出都是值得的！

从2015年的那个秋天到2018年的西固城第二小学之聚，再到2019年的博约厅之约，回望那年那月那秋色，我们有理由"登高赋新诗"，感受身为名师的生命底色与价值。面向未来，憧憬明天，我们更有信心"柳暗花明又一村"。让我们从现在、从自己做起，把接力棒一棒一棒传下去，为教育，为成长，为孩子！

　　工作室推荐辞：兰州市小学思品褚丽霞名师工作室立足于小学思品教育教学研究，致力于教师教学水平的提高与专业素养的提升，辐射带动，共同成长。

　　你若精彩，香气自来！

写于2020年

亲人伴我当老师

一、我的父亲

我的父亲今年76岁了。今年，他的背越发弯了，加上眼睛高度近视又不能佩戴眼镜，走路也慢慢悠悠了。父亲因为以前得过脑梗，有时候说话舌头绕不过弯来。我心里忽地一紧一疼，父亲老了！

父亲是一名退休林业工人，他把前半生给了林场。小时候印象中的父亲很久才回一次家，回家的时候，是我们姐弟五人最欢呼雀跃的时候。父亲每次回家两手都不空着，拎的黑色老旧皮包里鼓鼓囊囊塞满了东西，里面有给孩子们买的零食玩具等。那个年代不是常常能有零食吃，所以小时候每回盼父亲回家更多的是盼黑皮包。我们一拿着包里的东西，便跑到村里去，在差不多大的孩子们面前得意扬扬地炫耀。我们认为关系好的孩子，便分一颗糖果给他们，看着他们艳羡的眼神，瞬间心里一扫一个月来父亲不在家里的种种埋怨和不快。父亲包里压在最下面的护得最紧的便是一个月的工资——几十块钱，铺得平平展展，父亲把钱交到母亲手里之前，总会给我们也分个两三块钱。一个五零四冰棍五分钱，我们在心里盘算着可以买点琢磨了好久的啥东西。大姐说父亲偏心我，有次父亲回家给我买的是八块钱一件的连衣裙，给大姐买的是一条五毛钱的皮带，大姐至今耿耿于怀。

我也是父亲一到寒暑假带去单位次数最多的那一个。童年时，在父亲的林场，我见识到了各种鸟，看到了林场工人怎样嫁接树木，怎样捕野猪，怎样割麦子等。也常常忆起每一个清晨父亲坐在林中小屋门前，在给我笨拙地梳头发，忆起每一个休息日我们走很远的山路到县城，父亲把我送到路边小人书摊后便去采购所需生活用品。我爱看书，返回时父亲便给我买一本小人书。我们几个孩子的童年虽说父亲老不在身边，但是我们一点也不缺少父爱。

父亲是一个好人。单位同事、邻里从没见过父亲和谁起过矛盾。谁家有需要帮忙的，他总是第一时间赶到。我们在他的影响下，总是在践行着父亲做人的原则与底线：与人为善，吃亏是福，老实干活，认真做事。

父亲是一个能人。树木嫁接、笼筐编织、门锁电路等，父亲无一不会。母亲身体一直不好，只要父亲在家，厨房里的活都是父亲干。直到现在，几个孩子都忙各自工作，平时也不能天天在父母身边，父亲依然在蒸馒头、擀面条，依然在洗衣服，依然在跑东跑西应酬亲邻间的人情世故……父亲总是在为孩子们着想，总是一如既往地照顾生病的母亲，一辈子无怨无悔，一辈子在爱着他的妻子和五个孩子！

父亲是我生命中最重要的人。工作累了，去他身边待一会儿便好了；心里苦了，跟他唠叨几句，他会心疼；生活难了，第一时间便想依靠父亲肩头。四十多岁的人了，在父亲身边依然可以使小性子，依然可以发脾气。父亲依然是我心里的一座山，岿然不动。

唯愿时光不老，唯愿老天眷顾，让我的老父亲好好活，多活十年，再多活十年……

二、我的母亲

我的母亲是一名再普通不过的家庭妇女。

母亲一生体弱。从我记事起，母亲就一直病恹恹的，家长会很少去开，也很少有机会陪我们一起玩耍。我记得小时候老埋怨母亲不能像别的同学的母亲一样帮我们承担许多事情。上小学时学校生火炉是家长轮流去，父亲常年在外，母亲又不能去学校，每当轮到我时，都是大我两岁的大姐陪我去。那炉子咋那么难点着呀，一遍又一遍的，费了许多木柴，好不容易点着了，上课时火也不旺，煤球看着无精打采的，难免会招来同学们的嘲笑和责难。后来再轮到时，母亲就麻烦大姨或者别的家长帮忙。小时候买粮面也是困难重重，我和大姐推一辆永久牌自行车，去粮店买面。大姐推着车，我紧紧抱着粮本，攥着粮票，小心翼翼战战兢兢的。我们两个上小学的孩子把一袋面、一桶油推回家也是很不容易的。母亲每每看我们冻得通红的小手都暗自垂泪。不是母亲不愿意为子女做太多，而是我的母亲确实因为病痛而无能为力！

母亲一生刚毅。多年的病痛折磨使得母亲比别人更显苍老。父亲一人挣工资养家，家中五个孩子，生活很是拮据。可是无论怎样艰难，五个孩子每年过年定会穿上新衣服，在母亲的计划下，我们姐弟从来没有挨过饿，更没有一个孩子中断学业。我们的衣服鞋袜在村子里和其他孩子比，从来都是干干净净的。母亲在身子好点的时候，会接一点儿糊纸盒的活来贴补家用。家里有一亩七分地，每到播种期和收获期，父亲会请假回家，至于其他时节的农活，母亲便指挥着我们姐弟干。最可怜的是大姐，孱弱的肩头过早担负了家里的重担，半夜去地里浇水，我陪着她壮胆，要克服漆黑夜晚的恐惧，要小心脚下的磕磕碰碰，还要提防地头水渠裂口。菜种好了要去早市卖掉，我也陪着大姐一起去，我力气小，拉不紧三轮车后捆菜的绳子，常常挨大姐的骂。那会儿她上初中我上小学，我们卖完菜还要跑去学校，偶尔迟到，我便会埋怨母亲咋不去市场卖菜。有一次放学早，我遇到母亲胃疼，她整个人蜷成一团，双手紧按着腹部，紧咬着牙一声不吭，头发全被汗水浸透了。帮忙照看的邻居大嫂迭声地说母亲忍得好！还有2008年那年冬天，母亲拖地不慎滑倒，左腿股骨头骨折。医生做手术时，我们在手术室外听到砸钢钉那么大的声音，父亲心疼得直掉泪。外科医生出来后对父亲说："做手术这么多年，没见过这么刚强的老太太，竟然一声都不吭！"不是母亲不疼痛，而是我的母亲确实为母则刚！

母亲的坚强、大气，对生活的坦然心态，也影响了我们姊妹们，我们以优异的学习成绩、良好的工作状态和与人为善的处事原则回报了近古稀之年的老母亲。

三、我的爱人

我的爱人也是一名老师，在农村学校整整工作了33年，把自己的一生都奉献给了乡村教育事业。

起初，他是一名数学教师，对于数学学科教学得心应手。学生喜爱他的课堂，他平时话特别少，但一到上课讲起数学题，仿佛换了个人一样，神采奕奕。学生对他既爱又怕，爱他的认真负责，怕他的严格要求。

后来，他是一名教导主任。农村学校师资不足，开学的排课、学期中途教师的请假，都让他想破了脑袋，愁坏了身体。学校的教学质量年年要和学区内部比，还要和全区兄弟学校比，他为了提高学校整体教学质量也是费尽了心思。

再后来，他干过校长助理，也当过校长。那段时间，他一直忙学校的事，照顾家里老人孩子的事自然都落到了我的肩上。孩子上幼儿园，他只接送过三四次。从幼儿园到小学，女儿的家长会一直是我去开，我全力以赴在支持他的工作，因为深切地感受到他在一个农村学校当领导的万般不易。

现在，他只是一名普通的道德与法治教师，他还是回归到了他热爱的课堂，践行"三尺讲台，教书育人才是根本"之思想，开始默默地上课，悄悄地育人，静静地教研。三十多年的沉淀，对于教育，他想得更多，做得更实。他已跻身正高级教师行列，"机会留给有准备的人的"用在他身上很贴切。对于家人，他以实际行动担当着为人子、为人父、为人夫的责任。

四、我的女儿

22岁的女儿达鑫瑶温婉可爱、柔中带刚，懂事聪慧、好学上进，虽然也有许多缺点，但依然是我的最爱，我的骄傲！

她从小热爱舞蹈，随便播放一首乐曲，她都能翩翩起舞，跳起芭蕾如一只白天鹅，舞起民族舞又似一只绿孔雀。现代舞也能让她瞬间活力四射，震撼出场。她领舞过法国春晚开场舞，跻身于大学国际舞蹈班。当一名舞蹈教师，是她的理想。

她喜爱乐器，长笛吹了好多年，又自学了竹笛和尤克里里。乐器让她缓解了压力，释放了学习生活中的苦闷，也打发了许多无聊时间，让她在远离家人陪伴下的留学生活不至于太孤单。

对于语言，她情有独钟。高中坚持选择文科，我没拗过她。在家没见她朗读过英语，英语高考成绩却有141分。她后来学法语也是顺利过关，如今生活学习在法国，语言已不成问题。最近又在自修西班牙语，我不让她学，怕是分了精力，学不好专业课，但最终还是拗不过她。她骨子里的那股不服输的劲，不知从哪里来的。

她懂事乖巧。老人很疼爱她，姨姨姑姑们也很喜欢她。她知道省钱，懂得体贴父母。在家时我老说她懒，几年的独立生活已让她学会了打理自己的生活，家里一尘不染，和同学相处和谐，对自己的未来也有职业规划。我觉得有些方面，她甚至比我处理得好。

　　女儿已然长大，她独立、自信，已经不需要我们的呵护与宠溺。中外教育文化差异也让我们在一些小问题上产生分歧，她的思考方式和处理问题的角度和我也有了一些不同，我们彼此也会互相鼓励和交换意见。我欣喜她的成熟，也担忧她的未来，只愿她能早日学成归来，尽己所能报效祖国和人民。

写于2022年1月

第一篇　我的教育故事

我的教学论文

校本课程开发初探

新一轮基础教育课程改革实行国家、地方、学校三级课程管理，以提高课程的选择性与适应性。"校本课程是相对国家课程、地方课程提出来的。它是课程管理行政主体变化的一种表现，是课程管理权力的一次再分配。它的具体含义是：学校的领导、教师、学生及课程专家、家长等在对学生需求进行科学评估的基础上，充分利用当地社区和学校的课程资源而开发的多样性的、可供学生选择的课程。校本课程开发指学校根据本校的教育哲学，通过与外部力量的合作，采用选择、改编、新编教学材料或设计学习活动的方式，并在校内实施以及建立内部评价机制的各种专业活动"。其开发强调尊重学生的兴趣和经验，满足教师专业发展的需要，充分利用与开发校内校外的资源，实现学校的课程创新，形成学校办学特色。它还属于新生事物，没有固定的模式，也没有现成的经验，其基本的模式和管理也在探讨之中。实践表明，对校本课程的研究，可以重建学生生活，关注学生的基本的生活形式和生活空间；可以发展个性，培养开放型人才；可以重点培养学生的创新精神和实践能力，实现知识向能力的转化，知识能力向素质的内化；可以促进教学行为、学习方式和评价手段的转变。对校本课程开发的研究需要各方面的密切配合，共同努力，才能够取得最大成效。校本课程开发工作运行中的关键环节包括教育行政的正确领导，教研部门的得力指导，学校日常规范的管理等，这些都是保证校本课程开发工作顺利开展的重要因素。两年以来，我校对校本课程开发进行了初步探索，逐渐形成了以下策略。

一、建立领导机构

校本课程开发工作涉及范围很广，政策性、业务性很强。扎实地推进该项工作不仅取决于良好的社会氛围和教育工作者全新的教育理念，也需要科学、规范的管理制度的支撑。必须建立合理的领导机构，强化过程管理，才能顺利地实施校本课程开发，保证校本课程开发的高质量。为此，我校做了以下一些工作。

课改实验伊始，我校成立了以参加培训的校长为组长、教导主任和教研组长为副组长的基础教育课程改革实验工作领导小组，负责全面领导本校的校本课程开发工作。领导小组负责对新课程的实施进行指导、督查，定期研究实验过程中的问题。领导小组还建立了学习制度，共同学习课程理论，提高认识水平，使每位领导小组成员走在课改的前列。

紧接着，我校成立了教导处一级管理、各科教研组二级管理的学科指导小组，负责课程的有效开展。要求课程指导组的成员做到"四个先"和"四个转变"。"四个先"即对涉及校本课程的新观念、新思想、新信息、新模式要先知道、先学习、先理解、先实施。"四个转变"即观念转变、教法转变、学法转变、指导评价转变。指导组成员带头勇挑重担，关心课程开发、管理、实施的每一个环节，了解情况，发现问题及时报告解决，成为领导小组的助手，成为教师的参谋，使课程实施顺利进行。

学校在实施过程中成立了课程实施小组，该小组负责课程实施过程中从资料收集、编写教材、课堂教学、校本作业、实施反思等各环节的具体工作。该小组采取骨干教师任课，执教教师分工协作的模式，通过课堂教学活动、课外实践活动的开展来丰富课程内容。

为了提高教师素质，学校提出"科研促课改"的口号，专门建立了课改课题实验小组和实验教学研讨小组。小组组织教师认真参加"教学过程活动化""课改与评价改革"等科研项目，做到了教师人人有实验课题，个个参与教学改革，并形成了实验工作进程月报制度，为研究和总结校本课程开发工作提供了保障。

二、培训师资

师资培训工作是新课程改革实验工作成败的关键，是一项长期的艰巨的工作。我校课改领导小组在区教研室的支持帮助下，长期不懈地对实验教师进行跟踪培训，对教材教法随时跟踪指导，做到边培训，边实验，边研究，边开发，形成了"实验、培训、管理、研究"一体化的运行机制，推动新课程实验师资培训质量和效益不断地提高。通过培训、实验、研究、造就了一批在教书育人和教育教学研究方面成绩卓著，在全区、全市乃至全省有较大影响的骨干教师和教育教学能手，并发挥其辐射作用，带动全校教师队伍整体素质的提高。为持续调动广大教师参与课改的积极性，使教师在课程实施中的主体地位得到真正确立，潜能得到充分挖掘，创造性得到最大发挥，推动教师队伍的整体优化，学校本着"不培训，不上岗"的原则，走"继承、发展、创新"之路，进一步健全了师资培训制度。

对教师的培训立足于校本培训。主要表现在两个方面：一是对教师进行课程理论的培训，让教师初步掌握课程的一些基本原理，明确课程目标、课程内容、课程实施、课程常识、课程探究等基本理论，为课程开发提供理论依据；二是对教师进行专业知识培训，不断拓宽其知识面，重新构建教师的知识结构，为课程的开发提供知识和智力上的支持。这是校本课程开发的前提。教师在掌握本专业的知识的基础上，要做到有效地开发校本课程，还必须不断地扩大教师的知识面，更新知识结构。一方面，要互相听课、互相学习，通过听课来了解、掌握其他学科中有哪些知识点与自己所教学科有关；另一方面，要采取定期集体备课的办法，将不同学科的教师在聚一起共同研究有关问题。这样不同学科教师之间就可以取长补短，扩大自身的知识面，同时也寻找到不同学科之间开设课程的结合点，为校本课程的开发奠定了基础。学校对教师学习和掌握跨学科知识提出明确要求，并把它作为教师业务考核的一项指标，对教师的学习情况分期考核，考核的结果要与表彰奖励挂钩，与教师的评优、评模、晋职联系起来，使广大教师不断增强学习的动力。

在培训形式上，学校力求多样化，将集中式通识培训、校本培训、即时培训相结合，采取专家报告、专题讲座、案例教学、作业论文、集体备课、说课讲课评课、课题研究探讨等方式，先后请区教研室人员来校做课改专题讲座；组织全体教师参加教育科学研究活动，提高理论素养，推动课改实践工作，坚持执行学习制度，做到"四结合、四为主"（集中学习与分散学习相结合，以分散学习为主；辅导与自学相结合，以自学为主；学习与练功相结合，以练功为主；理论与实践相结合，以理论指导为主）；组织教师到湖南、西安、白银、北京及本市的兄弟学校听课；组织本校学科带头人、教学能手及骨干教师上示范课。为优化课堂教学、实施课改打下坚实基础，学校还开展了教师单项或综合的教学基本素质竞赛活动，要求人人都参加，人人都要基本达到"五个一"（一口普通话、一堂优质课、一种好教法、一篇好论文、一个特长）教学素质标准。全校每位教师都参加了各学科课程标准解读、教材分析与教法研究等培训活动。从培训效果看，大部分教师通过培训在教育观念和教学行为上有了较大的转变。目前，我校一支素质全面，水平较高，结构合理、稳定的教师队伍正逐步成长起来，为我校的继续发展奠定了良好的基础。

三、确定题目，搜集资料

校本课程的开发需要明确主题、范围与领域。

1. 主题的确立要考虑学生的内在需要

学校是为学生而存在的，学生的兴趣与需要，以及个性的充分发展，是校本课程管理的重要依据。检验任何一类课程是否成功的标志很多，但学生的需要必须放在首要位置。我校在确定主题前，在学生、教师、家长中做了广泛调查，并进行大规模访谈，对学生发展需求进行全方位的评估，最后形成科学的调查报告。报告结果显示：我校小学生的发展需求具有一定的共性：健康生活的需要、快乐学习的指导、幸福成长的体验、创新的思维品质的养成。学生对自己家乡的名人名品、家乡的特产、家乡的人文景观、家乡的现代建筑、家乡的自然景点等很感兴趣，但我校地处郊区，教学环境较差，基础设施比较落后，教师队伍年龄老化，教学资源比较匮乏。学生的来源多数是收入不高的企业职工、市郊的菜农与小商贩、外地来兰的打工人员家庭。学生对目前所处环境又知之甚少，因此，学校需要重新审视育人目标，重新对课程资源进行评估，使开设的课程植根于学生的实际需要。

2. 校本课程的开发需要有相应的资料、信息作支撑

课题确定后，要对社会和学校的课程资源进行评估，使开设的课程植根于社区和学校现有的课程资源。这是校本课程开发可行性的保障。如果没有这种保障，再好的选题也只能是一种理想。课程开发者要对社区的公共教育资源、人力资源，学校的师资、设施、经费、器材、场地、网络等方面的条件进行合理的分析与评估，扬长避短，量力而行。课程主题确定后，要大量搜集资料。资料收集渠道要广泛，既要利用图书馆、资料室收集文本资料，也要充分利用网络，从网上获取相关信息。资料的收集和应用要注意以下问题：①资料的科学性要经得起推敲；②信息具有前沿性，要把与课程有关的最新信息、最新研究成果通过课程介绍给学生；③信息资料具有广泛性，积累的资料不仅要有校内的，还要有校外的，让学生了解这一领域主流的发展走向。学校要求全体教师广开思路，创新思维，献计献策，做好配套教材的内容资料的收集，教学骨干、学科带头人每人都要承担一项编写任务。在以上基础上，我们根据学生的需要、社会的需求、家长的愿望意见、教师的特长、学校的办学理念等实际，确定了我校的校本课程的目标、内容、方法和模式。经过一段时间的准备，我们构思出课程内容之一："诵千古美文，做少年君子"，目的是让学生在搜集、诵读、积累、运用、拓展语言的过程中，丰富学生词汇，培养学生语感，加强学生运用祖国语言文字的能力，提高文学水平，加强自身修养。这门课推行后，学生积累了许多古代美文，提高了自己的品位和格调。同时，我们制订出课程目录，试编一年级用书《我爱家乡》（试用），并投入学校使用。如图1所示。

通过生动形象、真实可信的校本课程的系列教育，学生能亲身感受锦绣山河、丰富文化、悠久历史，优秀儿女和革命前辈事迹，让这些可以借鉴、学习的精华成为连续的永远保留在学生童年中的记忆，并升华爱国情，树立新理想，激发读好书的情感。

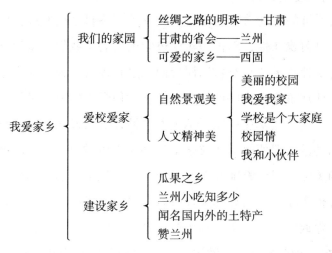

图1 《我爱家乡》内容大纲

四、校本课程评价制度

课程评价在课程改革中起着导向和质量监督的作用，成为课程改革的一个关键环节。在此次基础教育课程改革中，要建立促进学生、教师和课程不断发展的评价体系，它应当体现当前课程评价最新发展的趋势和先进的评价思想。

（一）对课程实施者的评价

对课程实施者的评价主要包括以下几方面：①职业道德及是否了解学生、尊重学生；②学生实际接受的效果；③领导与教师听课后的评价；④学生问卷调查的结果；⑤教师的教学方式、教学态度、教科研及运用现代教育技术的能力；⑥课程内容的选择、组织是否合适，是否具有针对性和综合性，符合学生的认知水平与年龄特征，注重多学科的内容融为一体，内容的设计有弹性，课程内容的组织是否恰当，是否符合学生身心发展的特点；⑦交流与反思。对于校本课程开发与实施者的情况，学校校本课程领导机构应研究以上几个方面各占多大的权重，最后把几个方面的因素综合起来考虑，形成对课程实施者的最终评价。

（二）对学生的评价

如何使评价的激励功能、诊断功能有始有终科学地发挥作用，使评价体系完善且具可操作性，真正切实促进学生发展？我们尝试建立发展性评价体系。传统评价模式只有目标评价而无过程评价。为了改变这种状况，我们将终结性评价与形成性评价有机结合，使学生的成长过程也成为评价的组成部分。这两大支柱构成了学生发展性评价的操作框架。我们进行形成性评价的尝试，促使教师在教学中加大对学生学习过程、思维发展、技能形成等的关注，促使教师改善课堂教学，发挥学生的主体作用，给予学生恰当的评价和激励，引导学生及时看到自己的成绩，感受成长，拥有自信。例如"你敢回答问题了，真勇敢！希望下次声音大一些。让全班同学都听到，老师相信你一定能做到。"其评价的特点在于及时、多元、简洁。而终结性评则偏重一段学习过程结束后，对收集的学生信息进行理性的、多元的分析、整理，给出评语和有关的等级描述，更重要的是帮助学生制订促进发展的改进计划。

通过实践，我们认识到，要使评价工作顺利实施，就必须在正确理解和把握新课程标准的前提下，根据校本课的特点和各个方面的不同要求，以及学生的认知水平，合理地、有重点地选择评价内容。我们分板块组织教师带着问题紧扣评价指导意见讨论出切合我校学生实际的星级评价制。星级的给定应考虑三方面因素：一是学生学习该课程的学时总量，不同的学时给不同的星级；二是学生在学习过程中的表现，如态度、情感、价值观等，由任课教师综合考核后给出一定星级；三是学习的客观效果，教师可采取适当的方式进行考核。三个方面的因素要以学生参与学习的自主、探究为主，过程与结果为辅，但最终的等级是把三方面因素综合起来考虑。根据评价操作的实际需要以及学生的认知水平，我们选择清晰简练、可测量的术语进行表述。如表1所示。

表1 "诵千古美文，做少年君子"校本课评价

项目	形成性评价					终结性评价				最终星级
	搜集	诵读	积累	运用	拓展	阅读星	口才星	文笔星	创造星	
自评										
师评										
家长评										
评价用语	★★★ 真优秀！ ★★ 挺满意！ ★ 再努力！									

（三）校本课程的评价细则

1. 评价内容突出全面性和综合性

设计师生成长"档案袋"。注重从知识与能力、过程与方法、情感态度与价值观几方面对学生素质进行全面考察和分析；从研究学生需要、设计课程目标、选择课程资源、组织课程活动等方面对教师综合素质进行全面评价。同时，尝试建立一套具有我校特色的全面衡量师生素质、全面反映师生发展过程的教育评价制度。

2. 评价方式力求多样性和灵活性

自我评价与他人评价、口头评价与书面评价、等级评价与评语评价、定性评价与定量评价、形成性评价与终结性评价、数据测量评价与成长袋评价、阶段评价与全程评价、寄语性评价与诊断性评价等，都是我校在校本课程开发过程中促进学生发展和教师不断提高的积极、有效的激励手段。

3. 评价标准体现主体性和差异性

我校校本课程开发从关注学生个体的处境和需要、尊重和体现学生的个性差异、给予学生个体更多被认可的机会和可能出发，研究制定不同层次的评价标准，以激发学生的主体精神，使教育评价最大限度地产生教育效益。

4. 评价过程强调公正性和科学性

以当前最新的学习观和教育新理念为指导，力求用多种行之有效的方法和科学手段，认真分析，全面、准确反映学生课程学习情况的数据，并用恰当的表现形式进行总结。教师努力以一种公正、公平的态度进行评价，排除任何可能干扰评价结果正确性的数据统计，以准确得出反映学生学习成绩的

可靠结论。

5. 评价设计讲求艺术性与创新性

在实施评价过程中，教师需要创造性地开展研究工作，追求有教师个性的、有班级及课程特色的、学生喜闻乐见的评价方式、评价工具与评价方法的创新。尝试"寄语型评语""心语信箱"等具有人性色彩和时代特色的新型评价方式，以实现新课程评价的最大效益。

总之，科学地开发校本课程，构建有特色的课程体系，对完善学生的知识结构、发展学生的个性特长、形成学校的办学特色，均有巨大的推动作用。

多元整合促读写

——浅谈小学语文教学中读写整合的途径

一、目的、意义

叶圣陶先生对读、写二者的关系做过这样的分析："有些人把阅读和写作看作不甚相干的两件事，而且特别看重写作，总是说学生的写作能力不行，好像语文程度就只看写作文程度似的。我看阅读的基本训练不行，写作能力是不会提高的……实际上写作基于阅读，老师教得好，学生读得好，才能写得好。"这里明确指出阅读是写作的重要基础。读和写是一个互益的过程，它们之间既互相对立，又密切联系。读是理解吸收，写是理解表达。学生有理解性地吸收，才能有理解性地表达，反之，表达能力强了，又能促进理解能力的提高。教师抓住它们之间的这个联系点，即读写对应性，也是读写迁移的基本因素，系统地对学生进行读写训练，不仅是提高学生作文能力的行之有效的途径，而且是提高学生听、说、读、写各项能力，使之达到全面发展的重要途径。读写结合作文训练的指导思想是：读中学写，写中促读，突出重点，多读多写。

实践证明，好的阅读教学本身应包含作文教学因素，通过一篇文章的阅读，能够学习作者观察事物、分析事物和表达事物的方法，学习作者选材、遣词造句、连句成段、布局谋篇的方法，并能让学生吃透，逐渐消化，逐步吸收，逐渐应用。读写结合，就是要给学生的思维架起一座知识迁移的桥梁，达到不断提高写作技能的目的。学生要提高读写能力，就要进行多种小作文的训练，通过阅读教学，学习多种表达方法，获得运用语言的经验，从而不断提高写作水平，达到以读促写、从写促读的目的。如何在阅读教学中读写结合，以提高学生的写作能力呢？我在多年的作文教学中，摸索出了"多元整合"的读写结合图景，运用"画一画，演一演，看一看，听一听，做一做"等方法，实现消极语言向积极语言的转化，这样学生习作就会眼中有事，笔下有话，文中有趣了。

二、优势

第一，有效激发学生的阅读、习作兴趣，活跃了课堂气氛，实现消极语言向积极语言的转化。

第二，利于培养学生善听、细看、多说、爱读写、能表演、会绘画等一系列动脑、动口、动手能力。

第三，利于培养学生搜集、整合、利用学习资料的良好学习习惯，学会学习的方法。

三、在教学中的具体操作方法

（一）画一画，演一演

读写整合过程中，我们采用以画促读写，以演助读写的方式，来开启学生的思维，引导学生发现美、表达美。以语文教材中的《云房子》《台湾的蝴蝶谷》《秋天到》等课文为例，在学习课文内容以后，我们首先让孩子把故事内容用一幅画描绘出来，要求这幅画一定要展现故事的主要内容，在这一操作过程中，学生兴趣之浓厚可想而知。全班同学画完之后，我要求学生说出画出自哪篇课文？故事的大意是什么？你是怎样完成的？你喜欢它吗？为什么呢？学生在说的过程中既对读的课文进行了复习，又对自己的绘画过程进行了描述，一篇"亲身体验"后的习作应运而生。再如，《狼和小羊》《狐狸和乌鸦》《狐假虎威》《猴子种果树》等课文，我把班上的学生分成表演小组，每组有会写、表达能力强、会编的学生，有组长组织领导，有编剧改编、设计对话，有导演设计动作布景。全体组员参与，人人有戏演、人人有角色、人人有事做。这样既加深了学生对课文的理解，又激起了学生仿写续写的愿望。

（二）看一看，听一听，唱一唱

"儿童的天性明显要求直观。"实物无论是在习作还是在平时阅读教学，都是重要的，是学生喜爱的教具和手段。学生的生活五彩缤纷，在学校里看同学交往，在工厂里看工人工作，在集市上看大人买卖，在电影电视中看生活的再现，在柜台前看营业员介绍商品，在马路上听车辆声、交谈声，在生活中听各种音乐声，这些都是打开习作大门的钥匙。

读写离不开联想，特别是发散性的联想。我们可以通过创设习作情境，结合参观访问，看生动的画面、激动人心的场面、真实的生活场景，教授学生在表达中引入联想的方法。如"看着，看着"或"看到这里，不由得我浮想联翩"等。例如，写《爱吃的水果》的教案，可设计如下片段：

——把学生从家里带来的水果分类放在课桌上，建立描述课题，语言导入：小朋友喜欢吃水果吗？今天老师带大家到水果店去买一些我们最爱吃的水果好不好？瞧，水果店到了。出示句式训练："水果店里。"

——让学生走进水果店里看一看、摸一摸、闻一闻，加强自身体验。出示句式训练："有……有……还有……"。

——让学生挑自己最喜欢的水果，尝一尝。出示句式训练："我最喜欢吃的是……"。

——提示顺序、重点：刚才我们先说水果店里水果多，接着具体地说有什么水果，最后重点说自己喜欢吃什么水果和原因。

——让学生一边回味刚才看水果、吃水果的过程，一边自由练习说话、写话。

——让学生在"水果店"进行习作练习。

音乐听唱是引发学生产生想象的重要途径。教师借助录音机在读写前播放一段感染力较强的音乐，引导学生在听的过程中注意音乐感觉，想象音乐中的形象，使学生产生美的感觉，引发表现美的习作欲望。例如在学了《陈毅探母》一课，深深地感受到母子之情后，我让学生伏在桌面一边静静地听歌曲《烛光里的妈妈》，然后让他们把听歌过程中见到的情景、想到的事情、所有的感受联想，无论真实发生过的还是仿佛看到的以及内心的活动全部写下来。有同学回忆了平时生活中父母对自己的关爱，有同学联想到了孟郊的《游子吟》，有同学创设了一位在灯下织毛衣的母亲形象，还有同学写自己始终被一种感动包围着……又如，学完《快乐的节日》一课后，我将学生在"六一"那天带出课堂，来到公园、路上、社区，让这首歌优美的旋律一直伴随着同学们游玩，之后练习习作——《快乐的节日》。因为他们亲身体验了，所以写得真实、生动。再如，苏教版低段教材中的词串教学，由于其节奏感强、平仄交错，有音律美，很适合学生唱一唱。一年级上册《识字2》中"太阳、闹钟、小鸟"等词串，用《生日歌》的旋律唱出来，使学生学得轻松、愉快。二年级上册《识字5》中"寒流、大雪、北风"等词串，用《铃儿响叮当》的旋律唱出来，使学生在欢快、活泼中体会了冬之韵。

在双休日和节假日的作业中，我总要布置学生看几本书，看几类电视节目（如《焦点访谈》《今日说法》《人与自然》《动物世界》等），写出相应的读后感或观后感。此举既开阔了学生视野、丰富了学生知识、使课外阅读落到实处，又起到了很好的练笔作用，而且对于学生来说，写之有物、乐于下笔，一举多得，何乐而不为？

（三）玩一玩，做一做，查一查

习作是孩子用自己的心血浇灌出的劳动成果，如果没有他们主动地参与，习作就很难写好。因此，读写教学要十分重视激发学生的兴趣，并以此作为习作的前提，学生如果能对读写产生兴趣，视习作为乐事，喜欢读写，自觉自愿地读写，作文教学就成功了一大半。

好动、爱玩是所有孩子的天性，在活动中他们会尽情展露出自己的灵性，对身边吸引人的事物倾注全部注意力，这是后续学习的基础。因此，在进行《记一次有趣的活动》的习作教学时，我首先为学生创设一定的情境，提供一定的习作材料，以引发他们的习作兴趣，如导入谈话，在课外活动中，大家都参加了哪些活动？你们愿意给老师说说吗？学生抢着发言，各抒己见，讲述自己参加活动的情形。接着根据教师的引导，讨论归纳课文的写作方法，放手让学生学习范文，至此，学生的学习始终处于高潮状态。教师再与学生一起玩"贴鼻子""老鹰捉小鸡""跳皮筋""拔河"等游戏，这时所有学生全神贯注，思维活跃，在求知欲的驱动下，谁都愿意把自己课间活动的情形写出来，既有了活动情境的感悟，又有了想写的思想准备。此时，我要求学生根据提供的课外活动情景，写出活动有趣的地方，学生就会轻松完成习作。

在日常生活中，学生不乏鲜活感人的习作材料，或看到的，或听到的，或亲身经历的，只是没及时记下而轻易地"放"走了，待到要"用"时淡忘了，便觉得无话可说，无事可写，但是，少年儿童记忆的火花是最容易被点燃的。这时，如有类似的事情在眼前出现，就会激起他们对往事的回忆，从而发掘出写作的题材。例如学完《母亲的恩情》一文后，我让学生为妈妈做贺卡、做礼物，为妈妈洗脚等，学生动手之后写出了《万能手》《妈妈去开家长会》《我心目中的老师》等有独特感受的习作。

充分利用网络查询相关资料是拓展写作思路的一个很好的途径，网络为我们提供了一个相当便利的查询途径，从网络上我们几乎可以找到所想查阅的一切资料。例如我在教学生写作《地球在哭泣》一文时，课本为我们提供了有关地球生态受到破坏的简要知识，关于洪水泛滥、绿洲变沙漠、沙尘暴等给人们带来的严重危害等方面知识并不丰富，这时我们就充分利用网络，带领学生上网查阅，网络给了学生详细的介绍，学生看后增长了见识，加深了对自然灾害的了解，而且由于对写作对象的情况有所了解，写起来有根有据，避免了千篇一律的通病。再如，写四年级上《习作3》时，班上作文水平一般的学生课前通过网络搜集了很多有关家乡兰州的资料，在交流时特别积极，习作时非常专注，速度也快了不少。我摘录了以下两段。

片段一：

我的家乡在兰州，这里有迷人的花朵，那香气会让你心旷神怡，我们这还有著名的面食牛肉面，清晨，东方露出了淡淡的曙光，一些叔叔阿姨骑着自行车来到牛肉面馆里，一进门，里面已是热气腾腾，长长的队伍已经让一些人等不及了。看着那拉面的师傅拉着各种形状的面，有宽、大宽、细、毛细、三细……真是精彩表演。一会儿，只听牛肉面馆里都发出"呼噜呼噜"的声音，哦，原来大家都开始吃牛肉面了。这就是我的家乡，你知道了吗？

片段二：

我的家乡在兰州，是一个有名的瓜果城，有红彤彤的富士苹果、黄澄澄的鸭梨、碧绿的大西瓜……咬一口，香喷喷的特别好吃，还有更美味好吃的正宗牛肉面，不过下面更让你动心的就是著名的黄河和"黄河母亲"雕像。到了夜晚，只有远处的几座灯塔闪烁着微弱的光芒，由黄的、白的、蓝的、绿的，倒映在黄河中，构成了五彩缤纷的色彩图。到了第二天，有人早早起来到黄河边锻炼身体，中午，水车边上站满了人，似乎人山人海，黄河中的羊皮筏子有大有小，这就是真正的兰州。

四、局限性

（1）不利于在电教设施不齐全的学校广泛使用。

（2）易走入教学过程花哨、多媒体课件滥用的误区。

（3）注重学生感官的刺激而忽视了对语言文学本身的体验、感悟，易偏离教学坐标。

班级德育基地

——多姿多彩的班队会

班级是学生交往的基本场所和成长的重要环境，学生在学校的活动主要在班级进行。它是学生形成健全人格的主要基地。教师应围绕主题开展系列教育活动，于细微处着眼，抓住一切教育契机，开展一系列多姿多彩的班队会活动，引导学生在活动实践中实现知行统一，德才俱进。

一、以开展系列主题班队活动为主线

1. 开展传统美德系列活动

以中华民族传统美德教育为主线开展系列活动，目的是让学生吸收中华民族传统美德知识，让学生创新、光大民族精神，树立正确的世界观。我班围绕"学习语言美，养成行为美，保持仪表美，塑造心灵美"四条主线，精选故事，安排班会课、队会课诵读美德故事，还采用教师宣讲、学生竞赛讲等多种形式，用美德故事引导、感染学生。这样，以中华民族传统美德教育为主线，教师通过文化教育活动，形成了良好的班级风尚，促进了学生良好的品德形成。

2. "走进名人世界"

指导学生班队会上阅读名人故事，了解名人成长足迹，学习他们的优秀品行，让每一个学生学有榜样。这些对模仿力极强的小学生来说，有助于他们情感、意志、个性人格的良好形成。

3. "名言伴我行"

班队会开辟了一个"名言伴我行"栏目。值日生选题让大家诵读，这样有计划、有步骤地让学生积累名言警句以励志。例如"爱人者，人恒爱人"等颂扬富有爱心的人；"勿以善小而不为，勿以恶小而为之"等名言要求学生自律；"老吾老以及人之老，幼吾幼以及人之幼"等教育学生尊老爱幼。这些名言让学生在熏陶浸染中提高了素养。

4. 开展"都是因为爱——爸爸妈妈，我理解您了"主题班会

班会课中通过"我也做妈妈"——让学生通过做饭、洗衣、收拾房间、辅导"孩子"作业等讲"爸爸、妈妈的一天"来体验父母的辛苦。采用谈话、讨论、反思等形式引起学生共鸣，促使学生理解父母、体谅父母、感激父母，进而学会理解他人、关心他人。在活动过程中，学生学会了如何与他人沟通。小组的交流讨论使学生学会了如何积极主动参与合作学习，在学习讨论中学会倾听。这也是新课标精神——培养学生的合作意识和与他人沟通能力的体现。

5. 开展"我自信，我能行"主题班会

培养学生自信心、自尊心，增强学生的自信和竞争意识。

6. 开展"你的困难，我们记着"主题班会

为家庭遭遇突然变故的同学，为四川灾区儿童献上一片爱心。学生从实际行动中体会到"给，永远比拿愉快"的喜悦与幸福。

7. 开展"三人行必有我师"的主题班会

让学生认识到老师、父母、同学、书本、路人等都可以成为自己的老师，从而形成谦虚好学的良好品质。

8. 开展"学会感恩"的主题班队会

通过亲子共同参加健康的活动，学生体验到了家庭的欢乐和幸福，学会尊敬、关心父母；让学生和父母更多地接触，更好地沟通，促进学生身心健康地成长。

二、以开展系列手抄报黑板报活动为辅线

1. 开展以小队为单位的手抄报比赛活动

教师分别以科学、卫生、安全、尊师、敬老等为内容组织手抄报比赛。

在手抄报完成的过程中，大家分工合作，同心同力。富有创意的设计，新颖大胆的排版有效地培养了学生的审美能力、审美情趣，促进了学生完整人格的形成，使合作意识、交往能力也得到了提高。

2. 黑板报也是学生自我教育的重要阵地

学生在出黑板报过程中，充分发挥自己的创造性，把黑板报出得图文并茂，具有教育意义。例如期末临近，负责出报的同学把黑板报的主题定为《学会学习，乐在其中》，许多学生写了稿子，组稿的同学就从每篇文章中挑选了一两句，让作者自己抄写在黑板报上。这一期的黑板报不但有利于学生逐步养成勇于克服学习困难、坚定信心、持之以恒、自我调节等良好习惯，又使教师发现了一批出黑板报的好手。黑板报成了学生的精神加油站。

三、以体验活动、自我锻炼为目标

有了明确的行为要求和正确的认识，学生良好的行为习惯的养成还要靠个体自身有意识地按道德目标实施，这个实施的过程就是自我锻炼。因为没有自我锻炼的自我教育是残缺的教育，没有自我锻炼，学生的良好行为习惯难以真正形成。在班队会中，我采取以下措施，开辟学生自我锻炼、自我教育的天地。

1. 岗位竞选

在班级中设立尽可能多的岗位，让每个学生都有当"管理人员"的机会，都有为同学服务的机会。在我们班里，除了大队委员、中队委员、小队长这些班干部队伍的核心人物，还有4人组长、值周班长（每周轮流）、节能员、环保小卫士、图书管理员、历史小博士、时事新闻发布员等岗位。在职务岗位的竞选上，我采用自荐与民主选举相结合的形式，每个参加竞选的学生都要先发表演讲，陈述自己竞选该职位的理由和上任后拟开展的工作，然后由全班学生民主举手表决，选举出各岗位的人员。这样做既充分唤起了学生的主人翁责任感，调动了学生的积极性，树立自信心，也让学生在竞选中进行了一次自我教育和接受了他人教育，从而使班级健康向前发展。

2. 制定规章

在班级德育工作中，班主任不可能也没有必要自始至终地"盯"着学生。学生良好行为习惯的养成，关键还要靠他们自己，因为学生是自我锻炼、自我教育的主体，班级的规章制度应该让学生自己来制订。我让学生以《小学生日常行为规范》和《小学生守则》为基础，结合班级的实际情况，制订了一些较具体的奖罚措施——班级公约。学生参与班级规章制度的制订，参与班级管理，既能表现自己的意愿和才干，又能在自我锻炼中有意识地按自己制定的目标、规章要求执行，不断与不良行为作斗争。有了学生自己制订的班级公约，在学习、劳动等自我锻炼过程中，学生的自主、自觉、自律等意识迅速得以提高，促进了爱学习、爱劳动、爱同学、爱集体等品德和生活习惯的养成。我还利用班级公约引导他们独立解决班级管理中的一些问题，不断肯定他们的能力与进步，增强他们良好习惯养成的自信心。

3. 组织活动

活动能锻炼人，能培养人，在活动中学生的主体地位进一步确立，主体意识进一步强化，自我教育能力进一步增强。每星期五的班队活动课，是学生最喜欢的课之一。我们班的班队课全由学生自己组织，班会的主题结合班级情况在星期一的晨会课时拟定，由学生自告奋勇当主持人，形式活泼有趣。

每每看到班队会上学生们肆无忌惮地大笑着，我就会由衷地感慨：孩子是快乐的，那笑容里分明洋溢着满足，绽放着幸福。都说童年是金色的，是呀，童年是梦，童心是诗，当我们俯下身，小心翼翼地把它捧起，我们也一定捧起了一个春天，一个德育教育的春天。

浅析活动化教学在品德与生活课中的运用

在思想品德教学改革中，让学生在活动中体验，在活动中探索，在活动中感悟，在活动中升华，已成为广大教师的教学追求。"活动化教学"是指在教师的指导与组织下以学生作为主体自主活动、积极探究、自我感悟为特点，促进学生认知、情感、行为、个性等全面和谐发展为目的的教学形式。在教学中如果学生缺乏主动精神，主体作用得不到充分发挥，就会制约教学的针对性和实效性。如何提高课堂教学效率，增强思品教育实效，促进学生主动健康地发展？关键在于：让思品课"活"起来，让学生"动"起来。

一、确定思品教学活动化目标

我们经常能看到这样的现象，由于教师未能充分调动学生的学习积极性，其实施的教学未能有效促进学生的发展。这与思品教学活动化目标的确定性有关。

1. 目标要有针对性

有成效的活动应有意识、有目的，设计活动化的思品教学目标必须正确了解学生在思想品德方面的真实想法以及行为表现，从而使教学目标更现实，更有针对性，提高完成度。

2. 目标要有发展性

即活动目标的提出应落在学生的"最近发展区"内。为了使教学能真正促进学生的发展，教师应该确定儿童的两种发展水平：一种是已经达到的发展水平，另一种是可能达到的发展水平，它表现为儿童还不能独立地解决任务，但在成人的帮助下，在集体活动中，通过模仿却能够解决这些任务。教师要使活动目标落在这两个水平之间的"最近发展区"，就如让学生跳起来能摘到果实。这样的目标才能有效地促进学生的发展。

二、探索思品教学活动化模式

1. 创设情境——导入

导入新课作为课堂教学的一部分，主要是为学生做好心理准备，为新课的学习选准切入点。在导入新课中，可以创设与学生生活实际密切的情景或来一段充满激情的讲演，激发学生的情感，引起学生的共鸣；也可以提出学生感兴趣而又难以及时解决的问题，造成一种急切期待的心理状态，引发思考，激发学生求知的欲望；还可以从新旧课的联系入手，从复习旧课过渡到新课，为学生学习新课奠定基础。无论哪种形式，教师都应把学生的情绪调到"优势兴奋中心区"，为新课的学习做好积极的准备。

2. 合作探究——体验

体验是活动化教学的中心环节。在这一环节，教师根据教学目标、教材内容精心组织学生活动，即以实现教学内容为目标，以活动为载体，将内容的呈现与展开活动融为一体，也就是真正实现"内容活动化，活动内容化"。因而，在此环节可采用讨论、辩论、角色扮演、创设情境等形式，使课堂成为学生体验生活的实践场、探究知识的实验室，让学生在"问题情境""角色扮演"中，开展积极思考和讨论，使学生在充分的思维碰撞中，在愉快的合作沟通中，在切身的体验探究中，掌握知识、陶冶情感、发展能力、提高觉悟。在这一过程中，教师不能用"正确"答案、"规范"形式去限制学生，而要善于发现学生的"亮点"、灵活解开学生的"盲点"，去引导、激活学生的思维，促使其形成正确的价值观。

3. 小结梳理——明理

这是对师生互动、生生合作的活动中产生的知识进行梳理，对教材的回归。"明理"环节紧承"体验"环节，其在教学中相互融合、互相推进。新教材没有枯燥的理论，知识体系也不甚明显，但每个活动后面都以情景交融的对话，用人性化的语言，阐述了一定的观念。这些观念来自学生的体验，但又高于学生的体验。文本的观点与学生的体验相结合，可以提升学生的体验，帮学生建构知识、形成观念、加强行为动机。小结梳理的形式同样要注意师生互动，变化多样。

4.迁移拓展——践行

新课程增强了德育功能，重视促进正确道德观和良好行为习惯的形成。学生在活动中学习的道德知识，最终要落实到实践中接受实践的检验。在以上环节的基础上，"践行"环节要进一步联系学生生活实际，要创设问题情境，抑或让学生在生活实践中开展，教师应给予学生再次体验的机会，使学生学习的道德知识、情感真正内化，上升为道德行为。

三、选择思品教学活动化教学方法

思品课的教学宗旨是通过"教"和"学"的活动，把思想道德要求变为学生的自觉需要，从而形成稳定的思想道德素质。教师要在课堂教学的模式上大胆创新，选择最佳活动化的教学方法，创设宽松和谐的教学氛围，更多地重视学生亲身体验的过程，增强课的开放性、实践性、活动性、自主性。

1.注重学生的实践性

活动化思品教学要注重实践，让学生亲身体验，打破传统教学在时空方面的限制，可在教室外进行教学，如进行调查、参观、考察等社会实践活动。

苏教版道德与法治第三单元中《爱护花草树木》一课，要求学生知道花草树木的作用及懂得如何去爱护。教师可让学生广泛搜集这方面的资料，认识绿化的好处和有关知识；可带领学生在校园内外实地考察调查，了解绿化现状；可让学生总结某些不良行为，如随意采花、在树上刻字等，让学生明白其害处，讨论如何爱护花草树木；还可让每一位学生都动起手来，如亲自栽一些花草树木，设立"爱绿"公益标牌等。这些教法应该说都比在课堂上的空洞说教要有效得多，"后劲"更足，更利于学生认知、明理并内化为行为。

2.注重学生的自主性

活动对个体发展的影响程度，还取决于主体对活动的自主程度。在课堂上，教师应改变以往一成不变的教学格局，引导学生开展多种活动，组织讨论、辩论、演讲、竞赛等，适当运用以小组为单位的具有研究性、探索性、实践性的学习模式，解决一些"德育问题"。

例如，教师教学《爱护名胜古迹》，可让学生观看有关肆意破坏名胜古迹（如乱涂乱画等）的录像，讨论研究解决的办法，制订好的方案寄给园林管理处或新闻媒体。也可让学生自做标语牌到附近的风景名胜区进行宣传等。活动时让学生自由选择、自由结合、自主交流，教师只作适时调控、引导，以形成学生为主、师生互动的教学格局。

3. 注重学生的情意性

俗话说：通情才能达理。教师要善于挖掘教育主题中的情感因素，补充一些鲜活的素材，创设活动情境，开展能激活学习热情，诱发辨析思考，促进行为实践的活动化教学。例如在课堂教学中灵活采用讲故事、听歌曲、看录像、放投影片，情感朗诵、角色游戏、小品表演等多种形式，使学生主动投入，产生情感体验，领悟道德准则，形成道德认识。

又如，在对学生进行爱国主义教育时，教师可带学生上网阅读有关重大新闻事件，并让他们发表意见，或观看天安门广场升旗仪式的录像，使学生受到强烈的情感熏陶，化"无形"为"有形"，激发出他们的爱国主义情感。

在新的教育理念、新教材改革的推动下，思想品德教学课程的活动化，一定会大有可为；一定会让学生感受到课堂就是成长的乐园。可以相信，在广大同仁的共同参与下，活动化教学模式一定会越来越成熟。

如何有效指导小学生进行课前预习

预习是阅读教学过程中的一个重要环节，是教师讲课前学生先行自学的一个阶段。其最大的好处是能有效地提高学生独立思考问题的能力，培养学生的自学习惯和自学能力，使学生运用已有的知识和技能弄懂新课的内容和概念，获得成就感，激发学习动机，为教师上课做好听说准备。小学中年级语文教师应该怎样指导学生预习呢？在教学实践中我是这样要求学生的。

一、培养学生预习的兴趣

1. 让学生感到学习语文是一种乐趣

教师要重视改进教学方法，寓教于乐，借助实物、影像和生动的讲述、巧妙的提问，使语文教学生动有趣，富有魅力，使学生感到学习语文的轻松愉快。

2. 让学生明确预习的目的

目的与兴趣是相互贯通、相互迁移的，兴趣孕育目的，目的激发兴趣。只有明确了学习目的，才能够稳定、维持并固化学生的学习兴趣，因此，教师要重视教学目的的渗透，让学生明确课程的总目的、每一节课学习内容的具体目的等。

3. 让学生体验到成功的欢乐

教师对学生预习作业中一些有价值的思考要给予赞许，使学生预习语文的兴趣是在成功的愉悦中激发出来的，且能维持下去，形成习惯。

二、教给学生预习的方法

1.读

语言学家吕叔湘说过"学习语文主要是读，自己读，七读八读，课文读熟了，内容也就理解了"。读，不仅可以帮助学生理解课文内容、体会作者的思想感情、了解作者的写作技巧，更有助于学生自己发现问题，增强听课的目的性。所以，"读"在预习中是最不能忽视的首要环节。教师应先要求学生把课文读正确、读流利，进而从读中悟理、悟情、悟法，并发现疑难问题。教师可让学生用多种方法读，如高声朗读、轻声读、默读等，要求读准字音，读通句子，把课文读流利，做到五不——不错字、不添字、不掉字、不重复、不读破句子，并用一两句话概括课文的主要内容。

2.画

学生课前预习课文时标上序号，用自己喜欢的符号画出生字、词、成语，在重点词下面画小圆点；重点句、句群用括号标出；总起句、总结句用单横线画在句子下面；中心句用单波浪线画出；不理解的词句可在其下面打上问号。学生上课时认真听、仔细记，做到难点突出，然后给生字注上音，并将生字词写熟练。

3.查

学生运用字典、词典等工具书，弄清楚圈出的字、词的音、形、义，并将注释写在该字、词的附近，便于在阅读中理解词语，加深印象。特别是一些多义字，教师一定要结合上下文理解，鼓励学生反复体会，自查自悟。

4.分

划分段落，书写段意。学生在自然段前，标出每个自然段序号；意义段用双竖线分出；段意简单的可直接写在书上；较长的可写在预习作业本上；也可抓重点词、重点句归纳。学生要注意课题。因为主要内容常常是围绕题目写的，体会文章表达的思想感情，学会找中心词、中心句。要注意有些课题点明或暗含了文章所表达的中心。

5.问

学生在预习中，发现自己不理解的问题要及时记录下来，可以从文章的课题提问题，可以根据课后题提问题，也可以按照文章的中心句提问题等。

教师要求学生把疑难问题在书上标识出来，看谁提的问题最多。学生们为了发现问题，会纷纷开动脑筋挖空心思找出疑点：有关于字词的，有关于内容的，也有关于谋篇布局的，还有关于文章作者和时代背景的。

6. 抄

学生对于课文要求掌握的生字、新词或者优美的语句等要抄写在积累本上，巩固记忆。抄写过程中数量可以自己决定。实践证明，摘抄和做读书笔记包括对自学的情况进行整理，对语文预习的作用非常大。

7. 搜

搜是指搜集整理资料。有些文章涉及的知识面非常广，或许是学生从未接触过的。为此，学生在课前应该做好预习准备，上网搜集相关信息，提前查阅课外资料，并进行细致整理，提前浏览，初步掌握。例如，学习了《黄鹤楼送别》一课，可以搜集李白、孟浩然的诗，带到课堂上与同学、老师一起交流。这样的学习会使课堂更加丰富多彩，既锻炼了学生搜集整理知识的能力，又培养了其动手查找资料的习惯，有利于学生深入地了解课文内容以及作者写作的意图，为学好课文打下基础。

三、培养学生预习的能力

1. 共同预习

经过一段时间由教师指导的预习后，学生逐渐掌握了预习的方法，这时可以转入新的形式，学生以自愿组合的方式，根据老师教的方法，一起预习，互相影响、互相启发、互相促进，通过合作营造预习的浓厚氛围。

2. 教师点拨

经过一段时间由教师设置问题的预习后，学生逐渐地体会和把握了设置预习题的角度、思路、做法，再经过教师指导，这样的"体会"与"把握"将逐步内化为独立预习的能力。这时，教师还可以鼓励学生根据课文自主设计预习的题目，实现由教师设置题目到学生自主设置题目的转变，其间教师的点拨、指导、鼓励尤为重要，作为教师要及时给予他们有效的指导、点拨，使他们发挥思维创造力，达到预习的效果。

总之，预习是一个重要的学习方法，是一种良好的学习习惯，也是一种人生智慧。真正有质量的预习不仅能极大地提高教学效率，而且能培养学生的作业习惯、质疑习惯、善于思考的学习习惯等，将使他们终身受益。因此，对小学生加强预习习惯的引导和养成教育是非常必要的。

（备注：此文为甘肃省教育科研"十二五"规划课题成果，课题批准号：［2012］GSG652）

开展课题研究，促进教师专业化成长

一直以来，我校重视教科研活动在促进教师专业素质提升中的重要作用。确立教科研在实施素质教育、落实减负增效中的先导地位，着力创设浓厚的教研氛围，特别是开展课题研究活动，这些对于教师专业化成长极为有利。

一、课题研讨为教师成长搭建平台

学校现有15项国家、省、市级规划课题立项或结题，教师个人课题有42项。其中，6项规划课题分别荣获兰州市基础教育科研优秀成果一、二等奖。伴随这些课题生成了许多研讨活动，在各种形式的研讨活动中，教师不断反思教育教学行为，有效加快了专业化发展的步伐。

1. 开展丰富多彩的教研活动

学校广泛组织开展了青年教师赛课、美文诵读、"三字一话"比赛、优秀教学设计展等活动，极大地调动了年轻教师自我提高的积极性，取得了意想不到的效果。

2. 鼓励跨学科、跨年级地开展校本研究

在教研组开展的听评课活动和有关的知识理论学习活动中，我们鼓励跨学科、跨年级、不同学科和不同年级教师之间的交流从而共同成长，共同进步。例如，语文组教师通力合作，共同研究，开发了"我们爱礼仪""我们爱绘画""我们爱剪纸""我们爱办报""我们爱书法""我们爱学校"的一系列校本课程，提高了教师的专业能力与研究水平。

3. 读书交流研讨，提高教师专业水平

学校购置有关教育方面的书籍，为全体教师配备了一本读书笔记，鼓励教师们把自己阅读过程中的感受记录下来，积极参与平时的读书交流活动，在各自的博客上发表读书心得。每学期开展读书交流活动，实现教师思维的碰撞和交流，促进了教师间的学习，提高了教师的教育教学水平。

4. 构建现代化校本教研信息平台

在学校的引导和鼓励下，教师们在教学中遇到了问题，或是有了一些心得和体会，会马上发布在学校的教育教学论坛上，如果是共性问题，那么一定是一石激起千层浪，大量跟帖随之而来，很快成为校园网上讨论的一个热点。而这些网上的热点问题，正是我们需要集中力量去研究、去反思的最佳研究课题。为了便于教师们的交流，实现资源共享，我们还利用学校网络系统建立了各年级组、学科组的共享平台。各教研组可以根据自己的实际需要设计自己的资料收录模式，把教研过程中学习的资料、教学设计、教学实录、研讨记录、反思心得、研究成果等收集起来，并提供给校内外教师共同分享和使用。

5. 教研日志促发展

为了促进教师专业水平提升，学校专门创建了教师校本教研群，每位教师都有自己的教研空间，随时发表自己的教育教学日志，教师之间可以随时访问，获取教学的有效信息。教导处每月将有效的可利用的日志和信息编辑成册——《似水流年》，使教研群真正成为指导教师提高教育教学水平的平台。

二、研究实践助推教师反思教学

教师的成长离不开实际教学实践，在实践中我们通过不断的尝试、反思，掌握课堂教学的一般规律和方法技巧并结合自己的特质和教育对象的实际，逐步形成了均有个人特色或者学科特色的教育教学方法。教学实践使我们得到发展，得到提升。

1. 课题研究课是教师专业化成长的催化剂

在课题研究过程中，教师根据制定的实施方案，就所探究的问题在课堂教学中如何体现而设置的研究课成为我们课题实施的重要组成部分。教师就是在听公开研究课的过程中成长的，也是在上公开课的过程中成长的。对于

年轻教师来说，上汇报课是快速提升自己的主要途径；对于教学骨干、经验丰富的老教师来说，上教学示范课也是一种快速提升的好办法。

2.教学反思是教师专业成长的重要途径

教学反思是教师进步的重要途径。教师通过教学反思能够逐渐提高教师的教学监控能力，提高教师的专业素质和综合能力。在课题研讨中我们采用个人教学反思研讨和集体反思两种方式来实现经验的积累。在实践中，教师经常对自己的行为进行反思评价，然后不断调整自己的行为，在不断的实践—反思—调整—再实践—再反思—再调整的过程中逐步成长。在这方面我们有过很多实例。例如，张英老师在教学研究中主动实践，多次参加区教研室组织的送教下乡活动，积极参与讲课、评课活动。在教学的同时致力于学校课题《建立成长记录，实施动态评价》《小学语文学习型教研组建设的实践与研究》《小学教师电子备课的管理与操作研究》的研究，这些已通过省级鉴定并获科研成果奖，她主持的个人课题《小学低年级学生看图写话的策略与研究》也已结题并获奖。课题促使该教师反思教学，使教师成长很快。因此，张英于2008年荣获兰州市第九届教学新秀称号，2011年荣获兰州市优秀班主任称号，2010年荣获西固区优秀教师称号，2011年荣获西固区骨干教师称号，2012年荣获西固区名师称号。

又如，在一节课题教学研讨课——《酸的和甜的》中，教师组织的课堂很好地体现了学生的主体地位，学生关注度高，参与度广。授课教师在参与课后的集体评课中，听取别人意见时反思自己的教学，收获颇丰。

总之，课题研究是提高教师综合素质、打造学校品牌的根基，同时是提高教育教学质量的有效途径。几年来，我们开展课题研究促进了教师的发展，每位教师无论是在业务能力方面还是在教科研方面进步都很快。我校教师队伍实现了向"名师带动型""专家引领型"教师团队的转变，我校师资整体水平得到了迅速提高。我校共55名教师，有甘肃省特级教师1人、省级骨干教师2人、市级骨干教师4人、教学能手3人、教学新秀18人、区级教学新秀21人、中学高级教师1人、小学高级教师35人。

（备注：甘肃省教育科研"十二五"重点规划课题成果，课题批准号：GS［2011］GHBZ30）

巧方法有效识字

达尔文曾经说："最有价值的知识，是关于方法的知识。"学生只有掌握了学习方法，才能形成自学能力。因此，教师要在指导学生学习方法上下功夫。在课堂教学过程中，教师应当根据教材的特点，指导学生掌握学习、思维的方法，并在实践中逐步形成良好的自学能力。

识字在新课程标准下，对于低年级同学来说，是项既重要又艰巨的任务。说它重要，是因为识字是阅读和习作的基础，是学习各种知识的必由之路，不掌握识字这把钥匙，就无法打开科学文化知识宝库的大门；说它艰巨，是因为中国汉字数量多，字形复杂，难记难写，字音字义又变化多端，实在是较难掌握。

传统的小学识字教学比较重视知识和技能领域的目标，关注较多的是识字数量，而不是识字的教育活动，例如我们教学生"阳"字的读音、间架结构、笔画顺序，并不关注学生是否参与教学活动，是否通过教学活动帮助自己形成良好的品质。在新课程标准下，我们不仅要重视学生对生字的认识，还要使学生体验识字教学的过程。教师要对教材进行加工、整合，使之变成学生熟悉的、有亲身体验的、看得见、摸得着、有兴趣学习的知识，从而使学生"喜欢汉字，有主动识字的愿望"。以此为依托，结合我校在长期识字教学中积累的有益经验，我们摒弃传统的不良做法，进行了小学低年级段识字教学"活动中学方法"模式的研究，力求探索一条增强识字教学效能，完整实现语文课程目标的新路。

让学生在活动中探究、发展、巩固，从而提高课堂效率，是学生乐于接受的。若在活动中让学生学习、积累，运用多种识字方法，则可收到令人满意的效果。

一、开放延伸法

此法利于激发学生学习汉字的求知欲。尽管大部分生字先后在课本上会出现几次，但仍达不到让学生形成永久性记忆的次数。至于生字的多义性，要在有限的课文中体现出来，更是不可能。因此，教师必须引导学生把教材向课外延伸，把引导学生读课外书当作一项重要活动来抓，甚至可以把学生活动接触最多的广告、招牌、物品包装当作教材，引导学生从中识字。以下是具体方法。

1. 猜谜法

例如，学"兴"，两点一撇在上方，长长一横在中央，下面"八"字底，一副高兴样。再如，学"步"，上面"止"字头，下面"少"字少一点。在学习"苦"字时，我出了这样一个谜语："一家十口住草房"；在学习"雷"字时，我创编了"大雨落到田上"；在学习"团"字时，我创编了"国字玉出门，人才进了门"。这些喜闻乐见的谜语，使学生容易接受，学起来兴趣浓，效果好。王云坤小朋友根据自己的理解还给"怕"创编了谜语："心里白茫茫的一片"。孩子们的进步真是令人折服！小小的一则谜语，竟然能激起学生如此之大的学习热情。

2. 歌诀法

例如，学"敢"字，横折在耳上，右边反文旁；学"参"字，"厶"字头，中间大，三撇从上写到下。

3. 表演法

例如，学"看"字，先请一位同学表演一下孙悟空表示"看"的典型动作，让同学理解把手（看）罩在眼（目）上就表示"看"，所以"看"由变形的"手"和"目"组成。例如，学习"目"字，根据汉字音、形、义结合的特点，可让学生摸摸眼睛，"口"表示眼眶，"二"表示两个眼球，所以有两道横。

4. 巧编顺口溜

例如，在《两只小狮子》中教学"滚"字时，它的字音、字义都不难，但字形复杂难记，于是，我就给它编了一段顺口溜："滚"字好记，左边三点水，右边把"衣"分，中间加个"公"，合起来就是"滚"。学生一听，茅塞顿开，很快记住了滚的字形。巧编顺口溜，把学生识字过程中的难点、疑点等难关一一攻破。在识字教学中，正是有了教师的铺路搭桥，帮助学生寻找出隐含在汉字中的童趣，枯燥的识字教学才会变得妙趣横生。

识字教学一开始是教师讲，随着时间的推移，教师鼓励学生自己发现，自己编字谜、歌诀。

二、拆合法

汉字也有规律性可循，对于规律性较强的汉字，教师依其特点可让学生拆字合字，在动动想想中识字。合体字可拆分成两部分或三部分，教学时，教师常把这些字按"部件"构造分成两部分或三部分，指导学生制成卡片，让学生拼拼看，谁与谁是好朋友，它们合起来之后名字叫什么？这样，学生手拿卡片，一边找，一边想，一边记，又动手，又动脑，使学习合体字的效率大大提高。

1. 部件法

"观"，"又"和"见"合成"观"。

2. 形象法

"束"字，"木"字中间加个"口"，就像用绳子把"木"头捆扎起来一样；"雨"字，"一"表示天，再看"冂"它多么像窗户呀，天上下雨，雨点直往下滴。

3. 析字形

会意字采用分析字形方法，如"三人众""三木森""土小为尘""白水为泉"等。

4. 找规律

跟人身体有关的字一般有"月"字旁，如肚、脐、胳、膊、腿、脚、胸等；跟运动有关的字多有"足"字旁，如跑、跳、跃、踢、踏、踩等。

5. 转转盘

通过制作转转盘学习由基本字变换不同偏旁而组成不同的字，可达到"低耗高能"。例如"也"分别与"氵、土、亻、马"组合，就组成"有水为池""有土为地""有人为他""有马为驰";如"青",人的眼睛是"目加青为睛",形容天气好有太阳就是"日加青为晴",说为人有礼貌,"言加青是请",水干净为"清",不争不吵为"静"等。

三、创造法

在教学中,我还经常让学生仔细观察字形,大胆想象,把一个个字变成一段故事、一个动作或一幅画,变形象为直观、化枯燥为情趣。我惊奇地发现,同学们的创造性思维非常活跃。例如,学"呆"字时,有个学生说:"一个人张着大嘴巴(口),像木头一样一动不动,原来他是在发呆呀!"学"夫"字时,一名学生说:"一位夫人,左边嘴角上长出了一根胡须(丿),她当然很失望。"例如,教学《家》这首儿歌,我先让学生反复朗读儿歌,再让学生给儿歌配画,在相应图片旁写出汉字,图与字对照记忆,使学生印象深刻。

总之,新课程标准要求教师要在指导学生识字的学习方法上下功夫,让学生最大限度地参与到实践活动中去观察、操作、思考、探究,可以有效地帮助学生主动地获得知识,获得发展,提高识字教学的课堂效率。

圈点勾画学语文

圈点勾画，顾名思义，就是将书中的重点、难点部分能用自己的固定符号圈点出来的学习方法。我的教学实践证明：学生在阅读时，边读边想边动笔，用一些有助于自己理解的符号，在书中字、词、句、段上圈点勾画来帮助阅读，标出重要的字、词、句，划分层次，写出感想，归纳要点，概括中心，评价手法等，这些都是很好的方法，能促进理解，易于检查，增强记忆，提高语文学习效率。在多年语文教学实践中，我摸索出如下做法。

一、初读标记

初读课文时，因为学生对书还很陌生，因此阅读的重点在于把握文章的主要内容，厘清它的整体脉络，做到"哑巴吃汤圆——心中有数"。因此圈点的重点是需要注音、注释的生字生词、自然段的序号、文章的中心句或重点语句。此时圈点的主要目的是读通文章，粗知作者思路，初识文章的框架，即整体感知文章的大概内容，对以后的深入阅读起确定方向的作用。阅读时多采用速读的方式。初读标记时可以使用红、蓝铅笔和一套自己爱用的符号圈点、勾画出文章的要点、难点和疑点，为下一步的阅读学习打好基础。圈点勾画一般有套符号，用什么符号，可以自行设计，我在这里介绍一些常用的圈点勾画的符号。

1. "□"代表要学的生字；

2. "○"代表要求认识的字；

3. "◇"代表难懂难写的字词；

4. 重音用"●"表示；

5. 轻声音节用"○"表示；

6. 儿化音用"△"表示；

7. 前鼻音用"┧"表示；

8. 后鼻音用"┝"表示；

9. ———（所学新词）

10. ＝＝＝＝（着重注意的词句）；

11. ～～～～（优美生动的词句）；

12. - - - - - - -（有创新潜力和求异思维的词句）；

13. —‥—‥—‥：表示总括句；

14. "1、2、3、"等阿拉伯数字：标自然段序号；

15. "‖"：标段内层次分界。"∥"：划在大层内的小层次之间；

16. "{}"或"〔〕"：标重点段；

17. "？"标在有疑问的地方；

18. "！"标在需要注意或有感想的地方；

19. 表示方向、位置的词用"★"标出来；

20. "△△"要特别注意的地方；

21. "★★"表示应熟记和背诵的；

22. "／"表示语句的停顿。

当学生自由读、个别读或默读一段文字时，边读边用笔运用上述符号圈出该段文字中要学或认识的字，以便引起注意，提前读写，突破最基本的文字关。例如，读《秋天》第二自然段时，学生是这样圈的："蓝天下是一眼望不到边的稻田。稻子熟了，黄澄澄的，像铺了一地金子。"

例如，读《十里长街送总理》第一段时，学生是这么处理的："长安街两旁的人行道上，挤满了男女老少，路／是那样长，人／是那样多，向东／望不见头，向西／望不见尾。"如此，鲜明的符号提醒着学生，教师无须一遍遍带读、说教。学生掌握了该句的音韵，训练了语感，把握了文字的感情基调，品出了言中之意，悟出了言中之理，感受了言中之情，自然而然理解了阅读材料。

再如，读《难忘的一天》最后一段时，学生讨论勾出："离开展览馆，我兴奋地走在回家的路上。天，仿佛格外的蓝；阳光，仿佛更加灿烂。我忘不了这一天，忘不了肩上担负的责任。"学生勾出后，明确了阅读该段需具备的各知识点，即可步入自主性学习轨道，或自行解决字词，或向教师请教重难点，或摘录积累优美词句，从而节省时间，提高效率。

二、重读整理

学生依据第一遍读时所作的各种符号复习要点，攻读难点，思考疑点。经过这番攻读，学生先前初读时勾画出的难点、疑点此刻不再是问题了。开始时确定的某些要点此时也可能不是最重要的了。在这种情况下，教师需要对初读标记加以整理。具体地说，该省去的均省去，该增添的添上。到了这时，学生便会感到书本由厚变薄，把相关知识牢记在心，对所读的文章已经有了较为深刻的理解。

例如在上《风筝》一课时，我板书以下内容：

第一步：疏通性的圈点勾画。圈出生字、词。

第二步：思考性的圈点批注。画出精彩的句子，画出作者观点的句子，找到有疑问不理解的句子。

第三步：评论性的圈点评注。在句子旁边写下自己的思考。

第一课时只进行了前两步的训练，第二课时重读整理进行第三步的训练。我发现学生的潜力是无限的，他们找到有价值的问题是：

1. 为什么作者的四周是严冬的肃杀？

2. 看到风筝后，在我是一种惊异和悲哀？

3. 为什么作者满足中带有气愤？

课后，听课教师都认为方法比知识重要；能提出问题比解决问题重要。肯定了圈点勾画这一方法的有效性。

三、再读解疑

批注的重点是解决初读时圈点的问题。圈点的重点应是文章的重点、难点和疑点，是重要的、精彩的、有欣赏价值的佳句以及感受最深的句子，是结构段的序号、修辞、表达方式、说明方法、论据类型等。此次圈点是培养学生发现问题、自己解决问题、不断提高自学能力的有效途径之一。这种训练的根本目的是让学生读懂文章，养成边读书边动脑的良好习惯，从而终身获益。阅读多采用精读的方式。例如，《珍珠鸟》一文，学生读起来有一定难度，就可以抓住关键语句读懂全文。例如文中第二段写"有人说，这是一种怕人的鸟"。文中第五段写"我们就这样一点点熟悉了"。文中第十一段写"渐渐它胆子大了"。文尾写感受"信赖，往往创造出美好的境界"。抓住这几句关键句，就不难读懂原文。学生会很容易理解珍珠鸟由怕人到不怕人，原因在于信赖这一中心思想。

四、品读升华

这一步主要解决再读过程中圈点的内容并作批注、写感悟。有的语句之所以让人感到美妙，是因为表达的意思深刻、精辟，给人以深刻的启迪和警示。例如，鲁迅的小说《故乡》的结尾一段话就具有丰富的内涵和深刻的哲理，如果读完之后不指导学生去深思、品味，那么这篇小说的价值就被忽略了，这时教师可以指导学生把自己的感悟写在旁边。有的写道："路在脚下延伸"；有的写道："有希望和奋斗，生活就是充实的、丰满的。"此次阅读主要让学生读透文章，给学生真正的阅读权利，让学生真正走进作品，真正有自己的创见，达到既"忘我"又"有我"的境界。这对于提高学生的鉴赏能力、批判能力、创造能力是极好的。此次阅读时多采用品读的形式。

圈点勾画不仅能充分发挥学生的思维潜能，提高对知识的理解记忆效率，而且能极大地激发学生揣摩研读文章的兴趣，有利于培养和提高自学能力。通过此方法，教师可以使学生手脑并用，培养学生边阅读、边思索、边勾画的好习惯，把语文阅读引向深入。

紧密家校合作联系，实现共同育人大目标

办好家长学校，是实现家庭教育与学校教育同步、促进少年儿童德、智、体、美诸方面全面发展、提高学校办学质量、共育"四有"新人的需要。为此，我校自创办家长学校至今，在加强家庭教育科研工作，促进家长学校建设发展等方面进行了一些有益的探索。我们把家长学校工作着力点放在紧密家校合作联系上，以此作为实现共同育人目标的主要途径。具体采取以下策略。

一、家校合作，通过成长册综合评价学生

现如今，我们的学生多数为独生子女，其中问题子女不少。这些都需要家校形成一种教育合力，达成共同育人的一致性，才能较好地解决。我校在重视校内教师对学生的评价、学生之间的互评及学生自评的同时，重视家长对学生的评价。因此，学校决定与家长共同制作学生成长册，主要由家长参与对学生学习习惯的评价。我们力求通过此媒介，从不同方面正确引导家长对学生在家的学习生活进行培养和评价，对孩子学习起到积极的促进作用。

1. 建立学生成长档案，学校、家庭形成合力，共同操作成长册

个别好动、自控能力较差的学生，其缺点行为易反复。成长册中的"闪光的足迹"月评表将家庭、学校联系起来，对学生多方面加以督促，不失为一种好办法。成长册在中间便起到桥梁的作用，根据学生实际学情，邀请家长在成长册的"沟通"版块中，共同分析学生存在的现象，并提出鼓励性建

议，帮助学生制定下月学习目标，让学生每周在伙伴和家长的帮助下对自己的学习状况写出小结，家长及时了解，写出意见，再由教师进行评价。而且鼓励学生把每月的典型作业装进成长册，作为对学习动力的鞭策。这样便能加强学校和家长、家庭的横向沟通，对学生既有监督，又有鼓励，使他们取得更大进步。

2. 成长册的展示与激励

在实验过程中，学生坚持每月展示一次，在欣赏自己和同伴成长册的过程中，分享自己和他人的喜悦，重新认识自己，激励自己进步，并完成月评价表。在此基础上，孩子把成长册带回家，让家长对孩子一个月来的表现有所了解，也进行月评价，帮助孩子看到进步，找到不足。这样的月评价每学期进行四次，学期末进行总结性评价。教师在总结性评价中会重点设计一次有关这方面的实践活动课。通过前四个月的评价，学生认识到一学期以来自己点点滴滴的进步，从而对自己、对同伴作出公正客观的评价，最后大家共同努力评选出本学期班级的"英语星""书写星""进步星""纪律星"等，让学生体会到自己的成功，感受成长册给自己切实带来了喜悦。在学生评价的基础上，教师也做出了评价，并把自己想要对学生说的悄悄话写在评价表上。最后学生把成长册带回家，由家长对孩子进行期末评价，指导孩子正确认识自己的进步和不足。在整个评价活动中，无论是老师、家长还是同学都在尽量寻找孩子的闪光点，以促进学生后续的发展，达到以评价促发展的目的。家长在积极参与的过程中，对成长册评价有了更深入的了解，对孩子的教育方式更加注重过程，更科学也更合理。

3. "学校家庭联系卡"制度，关注家长评价

学校是孩子受教育的场所，家庭是学生受教育的另一重要场所。教师必须指导家长正确参与到教育活动中来，从而谱出家校教育的和谐乐章，让孩子们伴随着这家校合作的美妙乐曲，健康、幸福地成长。基于此种思考，学生在校表现12项由学生自评、互评，班主任认定；学生在家表现8项由学生家长评分，由班主任审核，每月填写交流一次。这项活动已坚持了多年。

4. 家校教育QQ群，架起家校互通平台

为了促进交流，学校专门创建了"家校教育QQ群"，两年多以来，得到了家长的支持与认可。另外，还创建了教师校本教研QQ群，每位家长可进入

该QQ群，随时发表自己的教育心得，教师可以随时访问、获取有效信息。同时，为了促进教师与家长之间的广泛交流，教导处每月将有效的可利用的日志和信息编辑成册，取名《家长语言》。就这样，QQ群真正成为家校沟通的有效平台。

二、创新载体，高效活动强大教育合力

几年来，家长学校工作的实践使我们深切地认识到让家长参与到学校教育、教学工作中来，让他们看到、了解到，才能感悟到学校教育的脉动，从而真正形成一种家校教育的合力，进而实现让孩子在健康和谐的教育氛围中成长的目标，我们从以下几方面开展工作。

1. 少先队大队聘请家长担任校外辅导员，邀其直接参与并指导少先队的雏鹰假日小队

每逢盛大节日，我们组织大型活动时都请家长出席观摩，如"艺术节""科技节""体育节""六一""手拉手"等庆祝活动。通过这些活动，家长们深刻体会到他们在子女教育中的作用，并主动协助、配合学校做好教育子女的工作。

2. 教育教学开放活动

每学期开展一次教育教学开放日活动，主题依学期工作而定，让家长们走进校门，步入课堂，去亲身感受孩子们在课堂上的表现，了解孩子的学习习惯、学习能力，并通过与教研专家研讨、教师座谈等活动，使教师和家长更好地熟悉和把握教材，了解教育的最新动态，更深入地了解学校、关注教育。

3. 构建"书香家庭"

父母是孩子的第一任老师，家庭的环境是影响孩子的第一场所。在民主平等的家庭氛围中，父母与子女共同读书，不仅可以使孩子养成良好的读书习惯，培养孩子的读书热情，激发孩子的潜能，也可以加强亲子沟通，增加家庭凝聚力，提升现代家庭生活质量，而这点恰恰被传统的学校教育所忽视。为此，在精心为孩子们设计在校读书活动的同时，我们开展了构建"书香家庭"的活动，通过"四个一"的达标，学校每学期都会评选出一定数量的书香家庭。书香家庭"四个一"评比条件：①为孩子创造一个良好的读书环境（书房、书架、书画作品）；②购买一定数量的健康有益的课外读物；

③每周累计进行最少一小时的家庭亲子读书活动；④认真参与家长学校课程《好习惯奠基人生》之"倾诉小屋"栏目的交流活动。构建"书香家庭"活动的目的是为促进家校间的协同，增进学校、家庭、教师之间的沟通与交流，让教师和家长的关系越来越融洽，共同话题越来越多，以良好的人文氛围有力地促进了学生们的成长。

21世纪，孩子必须学会什么？

21世纪，孩子们必须学会什么？知识不再以书本为中心，以教师教授为中心、以考试升学为中心，而是运用多种方法，通过多种信息渠道获得。孩子们为适应此种变化，必须学会怎样学习，必须具备创新与实践精神，在多元化社会中必须团结合作与公平竞争，并且要学会交际与做人。只有具备这些综合素质，孩子们才能适应21世纪这个崭新而特殊的知识时代。

一、学会学习

"授人以鱼，不如授人以渔。"教师要转变教学观念，改革教学方式和方法，从单一讲授灌输转变为放手让学生通过多种途径探索知识，获取信息。教师更要加强学习方法的指导，使学生学会主动求知。在求知过程中，每一个学生都有不同于他人的学习方式和风格，教师要善于发现并教会学生发挥自身学习方式的优势而进行学习。例如，我所教的学生中有的喜欢听讲，有的喜欢写作业，也有的喜欢口语交际课，他们在学习过程中一遇到自己喜欢的方式，则兴趣盎然，一点就通。在学习过程中，有的学生表现出绘画天分，有的学生表现出音乐天分，我就利用他们的这些特长引导其学习，果然事半功倍。例如教授《比尾巴》时，我让喜爱绘画的学生按课文内容给六种小动物添画尾巴，学生在画画的同时，既掌握了小动物尾巴的特点又理解了内容，也不用我一而再、再而三地去讲了。学生在这种自学成功的经验下勇气倍增，再遇到类似课文，就掌握了学法，即学会了学习。

二、学会创新与实践

如今，每个教育者都有意在培养学生的创新实践能力。我具体做了以下一些工作：首先，在课堂教学中培养学生的创新意识和能力。例如，教学《猜一猜》这则谜语后，我让学生运用学法，再编几则谜语，学生编出了诸如"千条线，万条线，挂在天上像窗帘，落在水里找不着""朵朵白花，冬天才开，没有香味，一热就化"等谜语。其次，利用丰富多彩的课外活动培养学生的创新和实践能力。例如，利用学校开展的纸模比赛、队报展览、劳动技能比赛等鼓励学生乐于实践的行动，对有创意的作品更是大加赞赏。本班开展的活动力求体现时代特点，力求推陈出新，使每一个学生在各种活动中追求新的活动方式和新成果的创造潜力得以发展，哪怕孩子创造出的是在成人眼里有点可笑或无法理解的作品。这样，我们也就达到了教育的目的。

三、学会参与、合作与竞争

在教学实践中，如果教师积极创设学生参与的机会和情境，使每一个学生参与到教学过程中，并且在参与中获得成功，那么，课堂教学将会变得活泼、融洽而高效。分层次组织学生学习可以让学生积极参与学习活动。例如，将班上学生分为三个层级，给他们设定不同的目标，将作业练习也设计为三组，让学有困难的学生完成一些基本巩固题，给学有余力的学生增加一些富有思考性的发展深化题，这样一来，全体学生都参与了教学过程，各得其所。

在强调参与的同时，现代教育也把合作与竞争作为高扬的旗帜，生活在社会群体中的个人，如果缺乏合作意识，不善于与他人合作，将四处碰壁，无法生存。如果缺乏竞争意识，则容易自我满足，无法进步。孩子同样需要培养合作能力和竞争意识，时下倡导采用的合作式教学法以及各种适度的测试、比赛等就是使学生学会合作与竞争，从而超越自我，最大限度地发挥个人潜能的良好方法。

四、学会交际与做人

孩子一入学，教师就教育他们团结协作、友爱互助，做到心中有他人，不自私，不"事不关己，高高挂起"。

时代在变化，而"要为文，先做人"的道理却亘古不变。从教育角度看，学习做人是一个过程，是人在社会化交际过程中长期学习的结果，孩子必须学习做人，学会做人，首先，要具备公德意识和责任感。在公共场所吐痰、扔垃圾、大声喧哗的学生也大有人在；对水龙头流水、滴水，对学校走廊的长明灯视而不见的学生屡见不鲜；对有人破坏财物的行为熟视无睹的学生也不少见。这说明爱护公物等的公共意识及社会责任感还没有成为学生自觉的行为习惯。这就要求教师着手培养。我在教学《三个小学生》这一课时，针对"小文看了看，走开了。""东东大声说：'啊！是谁没把水龙头关好，我去告诉老师。'""明明什么也没说，走过去关好了水龙头。"这三个小学生的行为让学生讨论他们的想法和做法，学生讨论得很热烈，最后达成共识：每个人都有责任节约我们宝贵的水资源，不要让它白白流失掉。再要求孩子们从自身做起，节约水、电能资源，使他们明白这是他们对社会应尽的责任，培养孩子养成自觉的公共意识和行为习惯。其次，教育学生继承和发扬尊老爱幼、先人后己、"贫贱不能移，威武不能屈，富贵不能淫"的优良传统，继承和发扬中华民族的传统美德，具备承受挫折与失败的能力。在此基础上，以适应21世纪充满挑战与竞争的社会，我们的孩子还必须具备较强的心理承受力，否则便容易导致一些恶果。

当然，使每个孩子学会以上这四点并不容易，还需要教育工作者孜孜不倦地追求，勇往直前地去实现！

浅谈品德与社会、道德与法治课程中生命、生活、生长教育

从事品德与社会、道德与法治的教学已有些年头了，下面我结合自己的教学实践，谈谈在课堂中实施生命、生活体验教育及关注学生成长的有效方式和途径。

一、品德教学：注重学生的生命体验

记得余文森教授写的《课堂教学》里面有这样一句话："对于学生，如果学生投入的学习，活泼、主动、体验成功的喜悦，感受生命的满足，那学生对你的课就产生了期待，就达到了课堂的有效性。"其实，学科与学科之间应该是相通的，品德与社会、道德与法治课堂的有效教学也应该如此，真正的生命教育是触及心灵的教育，是感染"灵魂"的教育，而不是主要传授知识、技能的教育。在品德与社会、道德与法治课中对小学生进行生命教育，主要是让他们了解和感悟生命的意义和价值，培养对生命珍惜和尊重的态度，对他人生命的关怀以及学会欣赏和热爱自己和他人的生命。

1. 提升教师素养

作为一名品德与社会学科的教师，我应该不断更新观念，不断调整自己的知识结构，汲取新知识，研究新问题，不放过任何学习的机会，致力于本学科的教研改革，并且将最新的理论成果运用到教学中。在课堂教学中，积极有效地引导，是确保教学目标实现的重要保障。教师专业素养的不断提高

必然会令教师在课堂上左右逢源，游刃有余。只有这样，教师的职业价值才能得到体现，也才能影响和带动学生做有德之人。

2. 实施体验教学

在活动中体验生命的意义，感受生命的价值是对学生进行生命教育的一种有效方式。为此，在品德与社会、道德与法治课中，教师应该根据学生的年龄特点、生活体验、知识基础、学习能力等，精心设计有针对性的教学活动，展开教学。例如，一位教师在教授《我从哪里来》一课时，设计了两个活动，一个是"当一回妈妈"——学生肚子上系上沙袋活动一天，亲自入情入境地体验，真切地感受生命的来之不易、母爱的伟大。另一个是"我长大了"——让学生拿出自己的出生证、小衣物，看一看、比一比、穿一穿、戴一戴、说一说，体会成长的快乐。就这样，学生在活动中体验感悟，受到极大的震撼：父母给了我生命，生命来之不易，父母养育我非常艰辛，从而珍爱生命，学会感激。我们从品德与社会、道德与法治的教学过程和活动过程入手，关注学生的个体生命经历、经验、感受与体验，应探索学生生命体验的方式与教育方式，让学生通过体验生命的积极行为，强化生命意识，使品德教学成为一种愉悦生命的过程，使其成为学生向往生命和体验生命的一种方式。

3. 深入研究课程目标和解读教材

教学目标是否科学合理，直接影响到课堂教学效果。思品课教师首先要深入研究小学德育工作的培养目标、实施途径和教育原则，这是做好品德与社会教学的前提。与此同时，教师要充分利用现有教材，而且要活用教材。当然，光靠书本提供的素材和内容，往往不能达成课堂教学的有效性，还必须要求教师认真钻研教材，悉心研究教法。

合理整合教学资源才能将课堂教学的有效性充分展示出来，从而通过教师精心的教学过程实现对学生最大的教育成效，使学生有所知、有所思、有所感、有所得。教师只有在深入领会课程标准、充分理解教材的基础上才能灵活驾驭课堂，创造更多的精彩！

二、品德教学：注重学生的生活实践

《义务教育品德与社会课程标准》中指出："儿童是在真实的生活世界

中感受、体验、领悟并得到各方面的发展的。""儿童品德的形成源于他们对生活的体验、认识和感悟。"该标准中用了"体验、认识、感悟"等过程性词来刻画学生品德形成的过程，体现了在品德与社会教学中一定要立足生活、贴近生活。

1. 走进生活，促进体验

学生的世界是精彩的，也是纯真的。走进学生的世界，听听他们在说什么；看看他们在做什么；想想他们有什么困惑，便是教师应该做的事情。教学时，以学生的生活为基础，组织、安排教学内容和要求，尽量把学生的目光引到课本以外的、无边无际的生活世界中，从而引导学生热爱生活、学习做人。教师致力于使课程、教材、教学再回到学生的生活中，对学生的生活产生积极的作用，发展学生的生活能力，引领学生更好地生活。体验生活才能在生活中有所感悟，对于学生较为陌生的一些生活方式，需要学生通过自身体验进行感悟。比如，教学《爸爸妈妈真辛苦》一课，为了让孩子感受父母的艰辛，我们在课前举行一次活动——"我当一天家"，让孩子在周末做一天小家长，尝试买菜、做饭、打扫卫生等各种家务。买菜是个脑力体力相结合的活儿，既要学着挑选新鲜的蔬菜，照顾到家里每个成员的口味，还要节约成本；做饭就更难了，孩子们在洗菜、切菜、做菜的各个环节都费尽周折，有的孩子切菜时不小心切到了小手，或炒菜时油溅到皮肤上，做出的饭菜味道跟父母做的相去甚远，耗费的时间也多；看上去简单的搞卫生操作起来也并不简单，孩子们发现地上的头发和小碎渣不好清理，死角的卫生也很难搞。通过这次实践活动，许多孩子深深体会到了做家务的不易，从而感受到父母的辛苦。当教师在课堂上引导孩子回忆家人对自己的关爱时，许多孩子都想起父母对自己的无私付出，对既要忙碌工作，又要照顾孩子和老人，有时还会遇到烦心的事，十分不易。学生的情感得到了很好的激发，一切水到渠成，他们体会到了父母的辛苦，就会在生活和学习中学着自理自立，主动帮大人减轻负担，用行动去回报父母。

2. 开展活动，获得感受

为了使学生能够获得真实的感受，品德课教材采用了大量真实反映学生生活和社会生活的照片，帮助学生更好地理解课文，使学生在学习过程中感觉到自己每天做的事情都来到了书上，都走进了课堂。而课堂的活动其实就是生活的再现。比如，教学《我是一个消费者》、同学们以四人小组为单位，充分发挥合作的力量，带来了各种各样的商品，有方便面、各式衣服、膨化食品等。我组织开展了班级跳蚤市场，同学们在模拟的生活场景中感受到了商业人员工作的辛苦、产品质量对价格的影响以及参与商业活动必须遵守的道德及规则。

学生品德的形成，主要源于他们对生活的体验、认识和感悟。只有源于学生现实生活的教学活动才能引发他们内心深处的而非表面的道德情感；真实而非虚假的道德体验和道德认识，才能引发学生的共鸣。让学生走进社会、体验生活、学会做人是课程的核心，因此，教师在教学活动中要巧妙地创设情境，让学生去感受生活、体验生活、领悟生活，引发他们内心的真实感受，触及他们的心灵，才能取得有效的教学效果。

三、品德教学：尊重学生的生长规律

小学思品教学要关注学生成长规律，促进学生身心健康发展。在近两年的教学实践中，我主要从这三方面着手的：①根据成长规律确定活动形式；②根据学生年龄特征设计活动形式；③根据学生的兴趣爱好设计活动形式。

教学中的大量活动为学生提供了动手、动口的广阔空间，为他们施展才能提供了机会，例如，教《城乡巨变》一课时，课前我首先安排学生们采访爷爷、奶奶，了解家乡以前的状况。在上课伊始，我再播放有关家乡现状的录像，通过对比，让学生说说自己了解的家乡旧貌，紧接着我抛出一个问题：你是怎么发现的？家乡为什么会发生这样大的变化？一石激起千层浪，学生们的激情被点燃了。结果学生们很快说出自己的观察与体会，懂得今天的生活多么来之不易，更加珍惜今天的生活。

总之，品德与社会课堂的有效教学是个永恒的话题，教师应该遵循小学生的思维特点、年龄特点、学习能力，不断提高教学的针对性、生动性、有效性，培养学生良好的道德品质、乐于探究的科学态度、热爱生活的进取精神、珍爱生命的价值取向，继而提高整个教育质量，这才是本课程的真正目的。

浅谈小学语文"群文阅读"的课堂教学策略

在小学语文阅读教学中，群文阅读是一种新型的教学模式。实行群文阅读教学有利于加大学生的阅读量，提升学生阅读的质量，锻炼学生的阅读能力，全面提升学生的综合素质。群文阅读是教师选择教学资源材料、学生阅读、师生多元交流的一种形式。它既是对传统阅读形式的一种传承，也是一种补充。针对不同的群文文本，不同阶段的学生，科学地采取教学策略，最大限度地发挥群文阅读教学的优势，从而实现原生态、多层次、全方位的语文能力培养，这需要教师不断地思考和实践。下面我谈谈在教学实践中总结的一点经验，供大家思考。

一、紧扣单元主题的"四步引导式"阅读法

根据小学语文教材特点，每一单元安排的文章主题大致相同。教师在课堂内进行群文阅读教学实践活动时，可以围绕语文教材单元文章，对单元的知识内容结构进行整合概括和总结，培养学生在学习单元知识过程中举一反三的能力。

例如，小学三年级上册第六单元中有《富饶的西沙群岛》《美丽的小兴安岭》《香港，璀璨的明珠》三篇课文，教师在对该单元进行群文阅读教学时可以采用四个环节相扣的教学方法。

第一，进行单元回顾，让学生清楚这个单元的主题，即这个单元的三篇

第二篇 我的教学论文

文章描写的是祖国自然景观、美丽山河这个主题。

第二，引导学生对这三篇单元文章进行阅读，让学生清楚文章的脉络大意、中心思想等。

第三，教师对文章的段落进行讲解，并着重讲解文章中的知识要点、难点，帮助学生掌握这一单元的知识。

第四，教师引导学生进行主题拓展，鼓励学生进行美丽山河的课外阅读，甚至可以引导学生阅读，让学生在学习该单元时产生多元化、多角度的感受，对这一主题产生浓厚的阅读兴趣。

二、围绕文章议题的"一篇带多篇式"阅读法

我们从许多课堂教学中观察到，教师根据确定的文章主题，加入数篇相关主题的文章，指导学生进行群文阅读，让学生从这些相同主题的文章中巩固知识。如何设定多篇文章关联的主题，筛选一些合适的文章，是课堂任务和教学目标完成的关键，也是影响课内教学效果的重要环节。"一篇带多篇"是指以一篇文章为核心，带动多篇文章阅读。多篇文章由主题串联，形成一个独立又有联系的整体。

1. 具体指导、详细阅读一篇

导入新课后，教师首先引导学生带着要探讨的主题，阅读具有示范指导作用的第一篇文章，获得感性经验；或者事先给出主题，在师生共读第一篇示范文章的过程中，由学生发现主题，并对主题有一种初步的认识。

2. 自主的"多篇"阅读

带着对"一篇"学习的理解，接下来就可以进入更加自主的"多篇"群文阅读。决定由"一篇"到"多篇"的阅读质量的高低，关键在阅读第一篇之后的"知识化"——师生共同总结、提炼实现目标的阅读的策略、方法或程序——此策略、方法或程序是从学生阅读实践中抽象出来的处在上位的可以迁移运用的知识。

例如，在讲授小学三年级语文上册《盘古开天地》这篇文章时，教师根据文章的特点，先确定群文相连的主题，即中国传统神话故事的神奇，然后进行群文阅读教学。当学生初步掌握了这篇文章的特点时，再让学生阅读《夸父追日》《大禹治水》《后羿射日》《精卫填海》四个故事，使学生再

次体会中国传统故事的神奇之处，激发学生的想象力。

3.统整提升，建构新认识

利用"统整归纳式""启迪思维式""分析比较式""拓展延伸式"等引发学生对主题更有价值的精深思考。此环节教学用时不长，但具有"画龙点睛"的重大意义。

三、利用学习任务单的"整本书阅读式"阅读法

学习任务单是教师设计提供给学生进行自主学习以达成学习目的的一种支架。

1.课前带着学习任务读整本书

相对于单篇短章，整本书篇幅更长，主题更多元，内涵更丰富，体裁更多样……尤其主题，可以涉及男女差异、生命教育、责任意识、习惯养成等。教师一次教学只需确定一个"关注点"即可，利用"任务单"引导学生带着问题阅读思考整本书，把学生们引进读书的世界。

2.课堂交流，形成共识

学生通过课前的自读自悟，基本完成"任务单"后，教师再组织教学：一是先概括整本书的梗概；二是以小组为单位围绕"任务单"交流自己的发现，比对想法，看看有哪些共识，有哪些是自己没有想到的思考角度；三是在班内针对具有代表性的选段进行集体讨论，根据讨论调整自己的看法，统整意见，达成基本共识。

3.展示汇报，互相补充

各个小组利用故事会、思维导图、表演等形式表达"任务单"中发现问题，取长补短，在对比学习中补充自己阅读短板。

4.拓展延伸，培养兴趣

借助"群文阅读"课堂教学引导、帮助、推动学生由阅读"整本书"到"群书阅读"，教师可以推荐诸多书，从而践行《义务教育语文课程标准》中"培养学生广泛的阅读兴趣，扩大阅读面，增加阅读量，提倡少做题，多读书，好读书，读好书，读整本的书"的教学建议。

总之，群文阅读是一种良好的阅读方式，如果想体现它更大的运用价值，需要教师根据学生情况联系自身教学方法，不断摸索，勇于实践，加强

总结，研究群文阅读具体的措施方法，提升小学生的知识和阅读素养。

（注：此文为甘肃省教育科学"十二五"规划课题研究成果，课题批准号：GS〔2015〕GHB0355）

小学道德与法治课融合劳动技术教育的实践探索

为促进学生全面发展，小学道德与法治课融合劳动技术教育，相辅相成，相得益彰。编写教材把劳动教育渗透到活动之中，通过活动对学生开展教育，彰显劳动育人的价值与意义，同时促进学生在参与和体验劳动之中，感悟，成长。

一、阅读劳动故事，激发劳动热情

兴趣是学习的最大动力，在道德与法治课堂中，教师通过为学生们讲解一些劳动故事，让学生在寓教于乐中感受劳动精神的内涵与实质，从而借助阅读故事潜移默化培养学生热爱劳动的良好品质，帮助学生树立正确的劳动观。比如，教"做个开心果"这一课时，教师让学生们阅读了"小狐狸找开心果"的绘本故事。惟妙惟肖的童话故事的讲解，立刻吸引了学生们的注意力，而这一故事带给学生启迪，让学生们明白了劳动不仅能给自己带来快乐，还能给别人带来快乐。通过这一故事讲解，学生们认识到要做一个爱劳动的好孩子，萌生出劳动最光荣的思想，并激发出浓厚的劳动兴趣以及热情。

二、再现情境，引向深入

情境教学法能引领学生融情入境，以情激趣，以情激思，使得学生与劳动的知识建立更为密切的认知、感悟与体会。学生们形成良好的道德观念和热爱劳动的价值观念，实际上都要立足于生活实际。小学生主要以感性思维为主，在教学之中，教师不仅要结合具体的教材内容，同时要灵活采用教学方式，如做实验、讲故事、做手工、参与游戏、表演节目等，这些活动形式都是小学生喜闻乐见的。通过创设生活情境，借助多媒体教学手段，对一些生动劳动画面进行再现，由此吸引学生的注意力，让他们调动自我的感官进行认真观察、参与、体验以及深刻感悟，使其情感受到熏陶与启迪，品德得到培育与发展。比如，在"父母多爱我"一课中，教师设计了多媒体课件，再现了爸爸、妈妈一天中的工作与生活场景。在点点滴滴的细节中，学生们感受到了父母的无私之爱，开始深入思考：父母这样辛苦，无怨无悔为生活奔波，也无微不至关心我们，我们该为父母做点什么？教师组织小组合作学习平台，学生以小组为单位讨论，畅谈感受。大家纷纷表示一定要用实际行动回报父母，感恩父母。这种直观教学方式充分调动了学生们的兴趣和积极性，既保障了道德与法治的教学效果，同时使得劳动教育深入人心。

三、寓教于乐，在游戏中体验

如何帮助学生建立正确的劳动观，培养劳动技能，增强热爱劳动的意识，则一定需要落实到实践行动之中，使学生们在参与各种各样的劳动体验活动中，切身从流出的汗水，从付出的努力之中感悟劳动可贵以及劳动光荣，同时认识到，劳动既考验人的身体素质，还能锻炼体能，更能磨炼坚强意志。通过对劳动情感的深刻体验，学生们的劳动热情会越来越高。教师结合小学生的身心发展规律设计一些游戏活动，将劳动技术教育内容融入其中，使得游戏活动富有生趣、新颖独特。比如，教学"我是班级值日生"时，教师以小组为单位，派发劳动任务卡，每一个小组都有不同的劳动任务：拖地、扫地、擦桌子等。各小组接到任务卡之后，在组内进行成员再分工，让大家充分施展出自己的劳动本领，也让学生们感受到集体的力量以及劳动带来的乐趣。同时，对劳动之前、之后的教室环境做对比——桌子更干净，地面分外明亮，令人赏心悦目。让学生切身体会到劳动不仅能改变我们的生活环境，让学生拥有一个良好的学习环境，同时认识到，只有用自己的双手才能创造美好和幸福的生活。通过劳动游戏的设计与开展，学生们认识到劳动与生活的关系，同时，在劳动之中认识到劳动的价值与意义。

四、家校合力，课下延伸拓展

当然，劳动教育不能仅靠课堂讲解以及引导学生参与游戏活动，更重要的是让学生做到知行合一，把所学应用到实践中，使这一良好的劳动观念伴随学生的一生和渗透到生活的点点滴滴。为此，在道德与法治的课上与课下都要做好有效衔接，同时教师要与家长紧密联系，形成教育合力，从而真正让学生们树立崇尚劳动的观念，在生活实践中不断提高自己的动手能力。教授"我的家庭贡献与责任"一课时，教师设计了"我是家庭小主人"的课下体验活动。在这一活动之中，小主人学着为父母分担家务，帮父母沏好茶，倒好水；帮父母洗洗菜、洗洗碗、浇浇花等。而开展这一活动前，学校与家长及时联系，让家长把学生做家务的一幕拍成图片或者录制成视频，上传到家长群中进行交流。让家长、学生对各自的劳动进行评价，每周评比一次"劳动之星"，使得劳动教育形成合力，不仅让学生们掌握劳动技能，同时在承担家务中认识到自己的责任与担当，从而增强自信心与自豪感。

总之，在道德与法治课程之中，劳动教育是不可或缺的，它是不断引领学生走向美好生活、享受幸福生活的必经之路，让学生们在劳动中体会，在劳动中成长，在成长中学习，在学习中不断萌生创造幸福美好新生活的坚定信念。

（注：本文系甘肃省教育科学"十三五"规划2019年重点课题研究成果，课题批准号：GS［2019］GHBZ023）

第二篇　我的教学论文

学习教育"三问"践行立德树人

在深刻学习领会教育"三问"的教育教学实践中，我们思政学科教师更感重任在肩，思政课是落实立德树人根本任务的重要课程，我们要立足于道德与法治课堂的阵地，紧扣教材，围绕学生生活实践，完成"培养什么人、怎样培养人、为谁培养人"这一时代命题。

一、培养什么样的人

教育的本质是人，从国家层面来说是人才，家庭层面是孩子，学校层面是学生，以人民为中心发展教育，兴办人民满意的教育事业是至关重要的。学校是育人主阵地，思政课堂是主课堂，思政学科教师更应该回答好"培养什么人"的问题。

1. 培养具备家国情怀的人

教育需要什么？学生学习什么？在教育实践中我们也深深体会到有国才有家，历史上做出伟大贡献的人，无不热爱自己的国家，从小立志为祖国贡献自己的一切。一代代学子投身社会变革，为实现中华民族伟大的梦想而努力奋斗。钱学森学成后不顾一切回国……一个人，只有爱国，心中才有抱负；一个人，只有爱国，才能在纷繁复杂的社会中坚定立场、守住底线；一个人，只有爱国，才能努力学习提升自己，推动社会的进步与发展。

2. 培养具备真知灼见的人

终身学习的理念已深入人心，当今社会，如果不学习，你将无法适应互联网时代、云课堂的教育趋势。我们要培养的新一代青少年，必须掌握学习的新方法、新模式、新要求，积极向上，求悟真理，科学地去认知新时代、新世界，掌握最先进的科学文化知识和技术，拓宽自己的思维和眼界，才能用所学的真知识、硬道理去建设家乡，报效祖国。

3.培养具备创新精神的人

教育本身就是创新的过程，教师必须具有创新意识，改变固有的教学方法，以学生喜欢的新教法教给学生乐于接受的新观点、新内容。学生在智力活动过程中，也在不断更新知识，创造思维，生成结果，从而形成新的储备，在运用方法解决问题的实践活动中显出独特的、有个性的创造能力，这样培养的学生才能紧跟时代发展。

二、怎样培养人

我们的一切教育活动要紧紧围绕立德树人，教师要教，学生要学，要有一套完整的教育体系，让每一个孩子享受良好的教育，让每一个孩子的人生都出彩。

1.学高为师，身正为范

作为教师，首先要以身作则，为人师表，率先垂范。高尚的情操是作为教师的前提，学校要不断加强教师的师德师风建设，弘扬社会主义核心价值观；作为教师，在不断提升教学技能的同时，需要加强个人的品德修养，言传身教，成为社会道德的模范践行者和忠实实践者，成为学生锤炼品格、学习知识、创新思维、奉献祖国的引路人。

2.将德育放在教育的重要位置

当今时代，青少年的成长环境发生了巨大的变化，国家、社会的发展日新月异，所以教育要聚焦学生思想品德建设，将思想品德教育贯彻到新时代学生培养的全方位、全过程，把对学生思想品德教育放在教育的重要位置，真正培养出国家、社会以及人民需要的人才。

3.教育评价改革

教育部原部长陈宝生说过要把教育评价作为"最硬的一仗"来推进。中小学教育评价改革每年都在进行，怎样培养人？教育评价的导向起重要作用。教育评价改革势在必行。教育评价体系要面向未来，要淡化终结性考试评价，强化过程评价，突出学生的个性化发展，分类型对不同主体制订评价标准，对学生的评价不仅仅以智育评价为主，一个孩子从不会扫地到学会扫地就可以进行表扬，这才是适应人才发展的较好的评价方法。

三、为谁培养人

我们要清楚地知道教育工作者担负着为党育人、为国育才的重要使命，坚持把服务于中华民族伟大复兴作为教育的重要使命，培养出对国家、对社会、对人民有用的人才，办人民满意的教育。

在新时代下，在实现中华民族伟大复兴的号召下，每一个人都应不懈奋斗，将个人发展与国家发展紧密结合。要通过不断加强学校建设和转变教育理念，夯实基础教育，培育一代代怀揣梦想、立志报国的优秀青少年，为实现中国梦注入源源不断的活力。

从生活中来，到生活中去

《**义**务教育品德与生活课程标准》明确指出："儿童的生活是课程的基础。"因为，道德不是抽象的概念，它存在于生活之中，由于社会生活中人们处理相互关系的需要才产生的。为了使这门课程能更切实地体现和加强德育的针对性、实效性和主动性，我们每一位教师在品德与社会课的教学过程中都应将学生的生活经验作为重要的教育资源，根据学生的实际需要和不断扩大的认知范围，培养学生的道德情感和社会责任感。从这个意义上讲，品德与社会课的教学就要从生活中来，到生活中去。

一、从生活中来

生活，是一首诗，是一个广阔的世界。在这个世界里，我们用最质朴的方式表达我们的情感。而儿童，更是如此。他们的许多言语与经验、行动都来自生活。正如《义务教育品德与生活课程标准》所提出的："儿童的品德和社会性源于他们对生活的认识、体验和感悟，儿童的现实生活对其品德的形成和社会性发展具有特殊的价值。"我们的课程教学要选取生活中的事例，使学生把生活中的感受与体验真诚地表达出来。

1. 让生活以活动的形式在课堂中再现

品德学科教学要体现生活化的课程特点，孩子们在生活中有各种各样的情感体验。教师在课堂中要唤醒孩子们的生活积累和体验，需要设计一些趣味盎然的活动，让孩子们在参与这些活动的过程中还原生活场景，运用课堂所学，尝试解决生活中的问题，从而明白道理，懂得是非。

2.让生活经验在学习活动中不断丰富

上文课程标准在教学建议中提出了"丰富学生的生活经验""充实教学内容"和"拓展教学空间"的要求，也就是要把本课程的教学内容与学生丰富多彩的现实生活联系起来。在现实生活中，学生经过幼儿园和小学低年级的教育，已经养成了一定的品德和行为习惯，积累了一些社会生活经验，形成了相应的态度和能力。品德与生活学科正是在学生这样的发展基础上建构并予以继续教育与培养的。学生已有的生活经验，就是可利用的课程资源。一张合家欢的照片，可以回忆起浓浓的亲情；某一次队活动成功或失败的经历，有助于理解团结合作的重要……所以，教师应善于发掘和利用学生已有的生活经验，从学生的已有经验出发来组织教学。例如，我在教授《我的角色》这个单元时从学生已有的生活经验出发，学生通过阅读、讨论、探究等活动，使生活经验在学习活动中源源不断地再现出来，并在小组或者集体的交流中不断丰富，在教师的正确导向下，成为学生一种良好的道德行为与习惯。

二、到生活中去

当然，教学不能只停留在学生已有的经验上，教学要源于生活，又高于生活，以促进儿童发展，更要不断地丰富和深化学生的生活经验。而丰富与深化学生的经验也离不开社会生活实践。在课堂上、学习与活动中养成的道德行为习惯、处理事情的能力、与人交流合作的能力总是要通过实践检验的。

1.在实践中体验，在体验中成长

学生品德的形成，往往不是从品德概念开始，而是从实践中训练出来的。例如，我在教学《珍爱生命遵守规则》时，为了让学生了解所居住的环境的交通情况及人们的交通意识和遵守情况，带领学生进行实地勘察，让他们记录一定时间内人们违反交通规则的次数，并进行归因。我还带他们到交通主管部门与交警面对面交流，更深层次地了解人们违反交通规则的种类及原因，与交警共同研究解决的办法。这样的实践，让学生亲自接触社会中的人与事，在考察与统计中对交通事故的发生有了更明确的认识，从而对遵守交通规则的重要性理解得更深更透。让学生积极参与社会实践，体验社会生活，在与各种社会环境、社会活动和社会关系的交互影响中受到教育，并在此基础上养成良好的行为习惯，形成基本的道德观、价值观和初步的道德判断能力。这样就能引导学生向更高、更成熟的水平发展。

2. 淡化教育痕迹，实现自我教育

真正的教育是"润物细无声"的，让学生在学习活动、体验中如沐春风，达到自我教育的目的。在生活中，我们所面临的事情何其多，而这些并不能从教材中一一找到答案。品德与生活与学生的生活联系得如此紧密，就更要淡化教育痕迹。培养一个人的品德不在于告诉他遵守多少道德规范、规则，最根本的是让学生通过这些社会知识、规范和准则形成一定的、基本的待人处事的观念和态度，以及思考问题的取向。这些都是一个人必须具有的基本观点、基本态度，是他能够融入社会、立足社会，并在社会生活中不断获得发展的必要条件。

"问渠那得清如许？为有源头活水来。"生活，就是这在阳光下幻化出无限美丽的源头活水。从生活中来，到生活中去，使课程真正成为沟通生活与学习的桥梁。

品德与生活课程旨在促进学生良好品德的形成和获得社会性发展，为学生认识社会、参与社会、适应社会，成为具有爱心、责任心、良好的行为习惯和个性品质的社会主义合格公民奠定基础。让我们为了这个目标不断努力吧！

实施差异化教学思想提升
品德课堂教学的有效性

求有效性是课堂教学的一个永恒话题。教学怎样才能真正做到面向全体学生，使所有学生都得到发展呢？这就要求教师必须承认个性差异、尊重个性差异，实施分层教学。如何提高思想品德教育的实效性？我经过实践与探究，认识到"差异教学"是一种解决问题的有效方式。立足学生的个性差异、尊重学生的多元需求、促进学生最大限度的发展，是时代的要求，也是素质教育的题中应有之义。2017年，我有幸结识了辽宁鞍山经济开发区宁远镇小学中心校吴娟校长，她师从华国栋研究员，我从她那里接触到差异教育。我对这一理念很感兴趣，有意将差异教学渗透到小学思品学科。我们学校历经一年之余的探索，全面实施了差异教学，不仅打造了高效课堂，还拓宽了实施领域，培养了学生综合素质，开辟了一条科学有效的发展之路。

一、拓宽德育领域，践行差异教学

1. 完善差异教学管理制度

我们通过对原有制度进行完善补充，立足需求，引领方向，使学校的德育管理制度既注重精细化又体现人文关怀。学校推行思品课堂差异教学培训制度、差异教学研讨制度、差异教学备课制度、差异教学听评课制度、差异教学奖励制度、领导跟踪指导制度等，用相关制度保障差异教学的有效实施。

2.德育领域践行差异教学理念

针对近几年流动人口多，生源差异性大的情况，学校要求教师在德育"三线一面"教育策略实施中落实差异教学理念，切实加强学生的思想道德建设。基本措施：确立指导思想—制定差异管理策略—组织分类培训辅导—分别帮助应用实践—及时反馈信息—做出总结评价—指明发展任务。我们还建立德育基地，增加学生社会实践的机会，把社会潜在的教育力量变成对每一个学生的现实的教育因素。

3.评价机制重视差异

学校根据学生的实际需要，力求让每一个学生受到潜移默化的教育。教师注重对学生的全面考察，并考虑到各个学生客观存在的差异，使每个学生都可在原有的基础上得到激励评价，体验成功的快乐。同时在评价细则中增加三项新内容：一是了解学生的程度。学校从教师对学生的知识准备水平、兴趣动机、多元智能、学习风格、健康情况等方面的了解状况及应用效果评定这一条。二是纵向评价。原来的评价以横向评价为主，现在是横向与纵向评价相结合，重点看在原有基础上的发展，这样既尊重了学生的差异，也激发了所有教师的教学积极性。三是增加家长评教。将教师的差异教学置于家长的评价之中，这既是检测教师工作的重要手段，也是帮助教师调整工作思路、改进教学方法的一项措施。在评价实施过程中，教师不断地对学生的学习状态和成长过程进行评估，只要学生在任何一方面的发展达到了预期目标，就给予肯定性评价，以激励学生向更高目标迈进，不断"升级"。

二、关注个体差异，形成分层教学策略

1.思品课程体现关注差异

学校制订切实可行的思品课教学工作计划，重视差异课堂教学主渠道，也重视开拓广阔空间，将课内外、校内外相结合。将差异教学理念渗透到思品课教学的方方面面，保证差异教学工作的有效开展。从"讲知识，练技能，提高课堂教学效应"发展到突出研究课堂教学差异策略的运用和发展学生脑功能，尤其强调课堂教学对学生注意力的培养阶段。由于我校所处地区原因，学生学前准备情况差异较大，因此，我校每学年重点抓好一年级的起点教育，抓好整体差异优势发展，打好"定向、启蒙、习惯训练"三大基础。

第二篇 我的教学论文

2. 分层教学策略

我校开展了以分层教学为主要内容的实验活动。分层教学就是在承认学生在学习背景、学习方法、智力因素等方面存在差异的基础上，根据素质教育的基本要求，以培养学生能力为本位，对学生进行层次分割。针对不同层次的教育对象，确定不同的教学目标，选择不同的教学内容，采用不同的教学方法，最终促使每一个学生通过努力都得到发展、都能够达标、都能获得成功。其核心理念是教学要面向全体学生，承认学生间的差异，进行因材施教。

在实施差异教学过程中，教师要对学生进行"差异分类"，为不同层次的学生制定不同的学习目标和学习方法，分层次地对学生进行教育，让每个学生都能在学习过程中不断取得进步。

（注：此成果为兰州市教科所"小学思想品德课堂差异教学的实践研究"规划课题成果）

第三篇

我的教学设计

《景阳冈》教学设计

【教材简析】

《景阳冈》这篇略读课文，我是根据我国著名的古典小说《水浒传》第23回改写的。课文记叙了武松在阳谷县的一家酒店内开怀畅饮后，趁着酒兴上了景阳冈，赤手空拳打死猛虎的故事。作者运用了多种方法来刻画人物：人物语言符合人物性格；心理描写非常贴切、真实；动作描写经典传神。

我选编这篇课文的意图，一是让学生感受武松的英雄气概，体会其豪放、勇敢、机智的性格；二是讲述这个脍炙人口的故事，从而进一步使学生感受名著的魅力。

【设计理念】

《义务教育语文课程标准（2011年版）》指出"阅读叙事性作品，了解事件梗概，简单描述自己印象最深的场景、人物、细节，说出自己的喜欢、憎恶、崇敬等感受"。《景阳冈》这篇经典之作，人物刻画入木三分，能够给学生留下深刻印象。武松性格鲜明，个性彰显，他的倔强、豪放和无所畏惧能够吸引学生并使他们有表达自身感受的愿望。在课堂教学中，学生通过自主品读、感悟、研究、合作交流能更多地发挥自己的语言才能，真正成为学习的主人。

【教学目标】

（1）认识11个生字。读记"吓唬、诡计、霹雳、踉踉跄跄"等词语。

（2）把握课文主要内容，了解武松打虎的经过，体会武松豪放倔强、勇敢机智的英雄性格。

（3）体验阅读名著的乐趣，激发主动阅读名著的兴趣。

【教学重点】

武松赤手空拳打死老虎是课文的重点，而"打"则是"重中之重"。

【教学难点】

了解武松豪放、勇敢机智的英雄性格。

【课时安排】

一课时。

【教学过程】

（一）激趣导入，明确出处

1. 引入

我国浩如烟海的古典名著，讲述了许多引人入胜的故事，塑造了许多栩栩如生的人物。这节课很高兴能有机会和同学们一起走进《水浒传》，去感受武松这一英雄人物的魅力。

2. 介绍《水浒传》

课文选自《水浒传》第23回。《水浒传》是我国著名的古典小说，写的是北宋末年以宋江为首的108位英雄好汉起义的故事，作者是谁？（施耐庵）

板书课题：景阳冈

（二）初读自悟，把握主要内容

1. 课件出示阅读要求

（1）读：读准字词，读通句子，结合注释尝试理解难懂的句子。

（2）想：写了什么事？重点写什么？

（3）思：武松是怎样一个人？

2. 速读课文，理解词句

带着自读要求快速默读课文，读准字词，读通句子，结合注释尝试理解难懂句子。

3. 检查反馈

（1）读准词语。

客官　榜文　酥软　耻笑　霹雳　踉踉跄跄　掀他不着　平生气力

说时迟　那时快　吊睛白额大虫

（2）读懂句子。

A. 满满筛了一碗酒。

B. 这酒真有气力！

C. 但凡客人来我店中，吃了三碗的，就醉了，过不得前面的山冈去，因此叫作"三碗不过冈"。

D. 近因景阳冈大虫伤人，但有过往客商，可趁午间结伙过冈，请勿自误。

4. 整理课文内容

课文写了什么事？（喝酒—上冈—打虎—下冈。）

（三）精读打虎部分，体会人物形象

1. 过渡

课文按事情发展的顺序交代了故事情节，你觉得写得最精彩的是哪部分？

2. 学习课文8至12段

（1）指导朗读第9段。

老虎的看家本领是什么？（扑、掀、剪）感觉到这是一只怎样的老虎？（来势凶猛、凶恶无比）

面对饿虎进攻，武松怎样应对？（闪、闪、闪），你想象他闪的速度是怎样的？慢行不行？可以看出武松怎样？（动作敏捷）

（2）指导朗读第11段。

① 读课文，从武松打虎的词句中，你体会到武松是个怎样的人？

② 师生交流。指导朗读。

③ 播放打虎片段视频。

3. 小结

学习中，生活中，当困难来了，当挑战来了，我们迎上去，击败它，你就是英雄，你就是武松。有没有信心？（有）怕不怕？（不怕）

（四）自读其余部分，体会人物形象

（1）自读英雄喝酒部分看看作者是通过什么描写来表现人物形象的？

（2）自读上下冈部分看看作者是通过什么描写来表现人物形象的？

（3）武松的语言和心理活动哪一句给你留下了深刻印象，表现了武松的什么性格特点？勾出来在旁边写体会。

（4）交流。

（5）小结。

（五）再读课文，总结分析武松的性格特点

课文读到这里，武松是个怎样的人？

（六）推荐阅读

（1）读武松的故事（怒杀西门庆、醉打蒋门神、血溅鸳鸯楼）。

（2）读《水浒传》。

一线牵情——《姥姥的剪纸》案例

【教材简析】

《姥姥的剪纸》是苏教版六年级小学语上册中一篇既有时代感又有教育意义的文章。这篇课文采用第一人称，叙写了姥姥心灵手巧，剪纸技艺精湛，围绕"喜鹊登枝"和"老牛兔子"的剪纸展开了"我"和姥姥之间动情有趣的故事，表现了"我"对姥姥的深切怀念之情。选编本文，意在教育学生热爱亲人、懂得感恩。

【教法、学法尝试】

读悟法。

【教学目标】

（1）能正确、流利、有感情地朗读课文。背诵课文最后两个自然段。

（2）联系上下文并结合自己的生活，理解"熟能生巧、总剪手都有准头了"这句话的含义。

（3）凭借具体的语言材料感受姥姥的心灵手巧、勤劳善良和对"我"浓浓的亲情，感悟作者字里行间流露的对姥姥的深情思念。

【教学重点】

凭借具体的语言材料感受姥姥的心灵手巧、勤劳善良和对"我"浓浓的亲情，感悟作者字里行间流露的对姥姥的深情思念。

【教学难点】

联系上下文并结合自己的生活，理解"熟能生巧、总剪手都有准头了"这句话的含义。

【教学准备】

课件（剪纸、文字资料、《感恩的心》歌曲）。

【设计意图】

紧紧抓住"姥姥的剪纸惟妙惟肖、栩栩如生，姥姥心灵手巧、勤劳善良"这条线索，带领学生走进姥姥与作者的内心情感世界。

【教学过程】

第二课时

（一）课题入手，明确要求

我们接着学习第12课《姥姥的剪纸》。上节课我们学会了生字，初读了课文，这节课我们不仅要把课文读好，还要理解课文内容。

（二）剪纸牵情，阅读感悟

1. 线索：窗上的窗花

作者只要忆及乡亲们的啧啧赞叹声，立刻就会想起左邻右舍的窗子上姥姥剪的窗花。

（1）书上哪几自然段写了这些内容？

（2）请一位同学来读课文的第一自然段，谁来读？

① 什么是"小屯"？

② 一个"都"，你读出了什么？

（3）自由读读，你有感觉到什么？

（4）牵作者的情：

① 作者写下这篇文章的第一句话的时候，他的心情会是怎样的？（自豪的、赞叹的、高兴的、温暖的）；

② 请你带着感觉读读；

③ 我们一起来读读这句话。

（5）牵乡亲们的情：

① 这是作者对姥姥的赞叹，乡亲们又是怎样赞叹姥姥的手艺的？谁来读读？

② 指名读"你姥姥神了，剪猫像猫，剪虎像虎，剪只母鸡能下蛋，剪只公鸡能打鸣"。

③ 除了动物，姥姥还会剪什么？书上是怎么说的？（人物、植物、器物等）。

（6）牵学生的情：

① 现在请你扮演乡亲们，学着书上这句话的韵味和形式来夸夸姥姥剪的其他东西，组内同学先互相夸夸。

出示：你姥姥神了，剪（   ）像（   ），剪（   ）像（   ），剪个（   ），剪个（   ）。

② 出示几幅剪纸一起欣赏，用词来赞美一下这些剪纸。（板书：栩栩如生 活灵活现）

③ 说说姥姥是个怎样的人？（相机板书：心灵手巧 勤劳善良）

④ 是呀，听着乡亲们的啧啧赞叹，也难怪作者会发出这样的感叹：无论何时，无论何地，只要忆及乡亲们对姥姥的这些啧啧赞叹声，我的心境与梦境就立刻变得有声有色。（板书：有声有色）

2. 线索："喜鹊登枝"窗花

作者忆及那悦耳至极的剪纸声，就会立刻回想起姥姥给他剪"喜鹊登枝"的窗花的事。

（1）牵作者的情：

当作者这样想的时候，他的心情是怎样的？

（2）牵学生的情：

① 默读文中描写这些事情的段落，把你觉得甜蜜的、温馨的、依恋的地方用波浪线画下来，反复地在心中读上几遍。

② 带着你的情将画下的句子读给大家听听。好吗？

指名读句子：我是个出名的调皮蛋，经常变着花样刁难姥姥。一天，我用双手死死地捂住姥姥的双眼，让她摸着剪窗花。岂知工夫不大，一幅"喜鹊登枝"便完成了。嗬！梅枝与喜鹊形象生动，大小疏密无可挑剔。我服了，可还耍赖："姥姥，你从我手指缝里偷着往外看了！"

你要赖过吗？你能把耍赖的感觉融入这句话中吗？如果我是文中的姥姥，你对着我耍赖。

③姥姥"熟能生巧"的本领是怎么练就的呀？

A.指名读"数九隆冬剪，三伏盛夏剪，日光下剪，月光下剪，灯光下剪，甚至摸黑剪。"

B.来，让我们也跟着姥姥来学一学剪纸，这一组同学，请站起来，你冬天剪，你夏天剪，你白天剪，你晚上剪，你灯光下剪，你摸黑剪，咱们来合作读一读，好吗？请注意现在你们在干吗？

C.来，让我们继续剪，男生冬天剪，女生夏天剪，男生白天剪，女生晚上剪，男生灯光下剪，女生摸黑剪，准备，开始。

D.师再次引读，男女生轮流接读。

E.师再次引读，男女生再次轮流接读，速度越来越快。

④ 看来同学们基本练就了熟能生巧的本领。是呀，那剪刀声如此悦耳至极，作者怎么不会发出这样的感叹：无论何时，无论何地，只要忆及那悦耳至极的剪纸声，我的心境与梦境就立刻变得——有声有色。（指点板书上的有声有色）

3.线索：关于牛、兔主题的窗花

当他忆及那清清爽爽的剪纸声，就会立刻回想起姥姥给他剪"牛驮小兔"等关于牛、兔主题的窗花的事。

（1）牵作者的情：

① 出示："密云多雨的盛夏，姥姥怕我溜到河里游泳出危险，便用剪纸把我拴在屋檐下。"请同学们自由读这句话，体会作者的心情；

② 生自由地读。这看似平淡的一句话，作者有一个字却用得很传神，你认为是哪一个字？（拴）用什么拴住了什么？

③拴得紧吗？谁来读读？

④ 那么，姥姥的剪纸到底有什么神奇的功能，牢牢地拴住了上学前的我呢？请同学们赶快读读下文，到字里行间中去找答案。（生自由读课文）从

哪些句子的字里行间看出我被姥姥的剪纸拴住了？你来读，要读得让我们有身临其境的感觉。

这段话中，拴住作者的是什么？（姥姥剪的"牛驮小兔"，还有牛和小兔一起吃草这幅作品）。

你还从哪些句子的字里行间看出我被姥姥的剪纸拴住了？

"从那时候起，……对活泼的兔子与敦厚的老牛充满了好感。"这段话中，拴住作者的又是什么？

（2）牵学生的情：

① 这段话中，拴住你的是什么？

② 想走进这温馨的盛夏午后吗？来，同桌一个读姥姥的话，一个读作者的话，用心感受感受，读一读。（生自由对读。）

（3）牵师生的情：

① 谁愿意上来和老师一起表演着读读？（请一生上台。）你读文中的"我"，我读姥姥的话，其他同学就读旁白，好吗？

② 哪一个字眼强烈地表达了"我"被牢牢地拴住了？（缠）

③ 怎么缠的？可能有哪些动作，说了哪些话？来，把老师当姥姥，你来缠缠我。

④ 是呀，姥姥那神奇的剪纸，牢牢地拴住了上学前的"我"。"我"由衷地发出了这样的感叹：无论何时，无论何地，只要忆及那悦耳至极的剪纸声，我的心境与梦境就立刻变得——有声有色。（师指点板书上的有声有色）

4. 线索：心境与梦境就立刻变得有声有色

无论何时，无论何地，只要忆及那清清爽爽的剪纸声，我的心境与梦境就立刻变得有声有色。

（1）出示：我上学了……就立刻变得有声有色。我们来齐读这段有声有色的文字。

（2）姥姥的剪纸拴了"我"多久？还将拴"我"多久？还能拴"我"多久？

（3）如果说童年时拴住的是我的身体，那么到现在拴住的其实是我的什么？（教师板书：心梦）

（4）你认为姥姥的剪纸拴住的是一颗什么之心？（思念之心、依恋之

心、感恩之心）

（5）教师朗读原文的一个片段：当时我也动过要学剪纸的心思，可惜我当时有其他的事，后来也离了乡，远离了姥姥，远离了她美丽的剪纸。直到前年春节家里通知说姥姥病危，我才匆匆赶回家里，看到了一别三年的姥姥，此时她已被穿上了送老衣，很怪异地躺在当门的床上。我当时就傻了，我知道只有去世的人才会躺在那儿。我不顾一切地去看，我看到了一张有点水肿的脸，再试试鼻息，姥姥还活着，我哇的一声哭了。我的姥姥还活着，我上学起早贪黑给我做饭的姥姥还活着。

（6）能把作者这种情感带到这段话的朗读中去吗？（指名读、饱含真情地齐读）

（三）情归一处：总结

多么深情的话语啊！你读懂了作者的那颗心，你沉浸于作者的那个梦。有一首歌这样唱着（陈红《感恩的心》响起。）。

其实，文章学到这里，你有没有想到些什么呢？我们的亲人正如文中的姥姥一样，洗衣、做饭、缝衣等，为我们默默劳作着，这些都值得我们捕捉、记忆和感恩。

孩子们，记住这篇课文，记住这位老人家，更要记得感恩。感谢亲人、感谢命运、感谢生活……下课！

作业：①捕捉和亲人共处的美好瞬间；

②背诵课文最后两个自然段。

【板书设计】

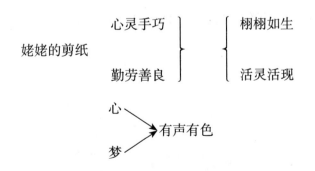

【教学反思】

教师教学时以"只要忆及"为线，贯穿整篇文章，以"线"牵着学生的情，收到了较好的效果。初始以作者的心情来读悟文章，接下来引导学生入情入境，最后归拢到祖孙间浓浓的情，读到姥姥的情，悟出亲人的爱。

时下的教学的确是书声琅琅，热闹非凡。读，成了学生学教师教的最主要手段。相对于串讲串问、烦琐分析而言，在对母语教育规律的把握上，这的确是长足的进步。所以，教学中让学生反复读、自由读、齐读、入情读、表演读……阅读教学应该"以读为本"。宋朝理学大师朱熹十分强调"熟读"与"精思"的结合，看重问题意识，要求读中生疑，从疑而悟。既要学生"熟读"，又要学生"精思"。

要针对学情、具体课文，使读有目标，读有指导，落到实处。举例如下：

师：请问，你是怀着怎样的心情朗读这段话的？（生答：兴奋的、自豪的、赞美的、崇敬的）

从课文中姥姥怕"我"溜到河里游泳出危险，"便用剪纸把我拴在屋檐下"的"拴"，引导学生体悟"拴"的传神，演示"拴"的动作，引出剪纸怎样"拴"住了上学前的"我"，又怎样"拴"住了读着这篇课文的"你"……此为领悟"课文为什么要这样写"提供了一个富有启示性的范例。

师：反复读最后一段，把我们的赞美全部融入我们的朗读中去。（生齐读最后一段话）。

从学生那充满激情、充满感情的朗读中，教师可以体会到学生真正融入课堂，走进了课文。在一遍一遍的朗读中，学生得到了感情体验，教师不用多讲，也无须多讲，已使学生在多元诵读中学懂了课文。

《三打白骨精》教学实录

一、导入

1.明清小说

（板书：小说）

说说四大名著，你的脑海中一定会出现谁？

（板书：《西游记》）

2.介绍人物，导入课文

（1）猪八戒。师介绍猪八戒的自我评价。

（2）出示孙悟空的图片，聊聊他，火眼金睛。

（3）这是谁啊？（板书：白骨精）取经路上还有哪些妖精？出示妖精的名字（学生热情高涨谈起妖精的特点）。

（4）这么多人物（板书：人物）必然会发生故事，有故事，就有故事的——情节（板书：情节）。故事发生的地方就是——环境（板书：环境）。

（5）今天，我们就学习一篇课文《三打白骨精》，读题。

二、整体感知

（1）出示报告单（小说三要素、中心和自己对课文的见解）。

（2）说说课文的主要内容（学生述说）。

三、聊环境

（1）指名读课文中的"唐僧师徒四人……"

（2）自读，有什么感受。

（3）出示原文中的片段，读一读。

师：什么感受？

生：山势险峻，令人毛骨悚然。

生读。

师：这样的环境，一定会有——妖怪。有妖怪，必定会发生——故事。

四、聊情节

1. 聊一聊起因

指名读（出示段落）。

师：自言自语是怎么说？

生：自己跟自己说。

师：那你再试一遍。

师：自言自语是跟自己说，你这样说都让别的妖精听见了。

生再读。

师：都控制不住自己的情绪了，心里头那个高兴啊，那叫——不胜欢喜。胜和我们平常的"胜"一样吗？

师：谁来自言自语地说一说？

生读。

师：说时迟，那时快，白骨精开始变了，一共变了几次？（板书：三变）愿意聊哪次都行。

（1）第一变。

师：变成了一个什么样的村姑？（美貌）六年级的同学，要说美貌的词，是一个接着一个。那还不行，你们知道的词和文中的美貌还不够。

生：闭月羞花、眉清目秀、花枝招展……

师：看原文中是怎样描述的。

生读。

师：此处一个字——妙，妙在哪儿呢？

生：常人看不出这女子的美。

师：这美背后隐藏的是——恶。

师：把感受融进去再读。

一生读。

师：这美中藏的是什么？

生：凶恶。

生：她变成村姑送斋饭。

（2）第二变。

生读。

师：出示文字，再好好读读，这一变妙在哪儿？

生：变成老妇人，找女儿。

师：见到过八旬的老妇人吗？

生：拄着拐杖，颤颤巍巍。

师：那变成老妇人是为了——

生：让我们产生恻隐之心。

师：试着读一读，我们看到一个八旬老人一步一声地哭着走来。

生读。

师：这哭里藏着的便是——恶，藏的是——刀。想到了一个成语是？

生：笑里藏刀。

师：现在是哭。

生：哭里藏刀。

（3）第三变。

生自由读。

师：原著里有一段描述。

生读。

师：这是谁做的？

生：出家人。

师：诵的是什么？

生读。

师：一个字，念的是——善，变成了唐僧的——同道中人。

（4）小结。

师：一共变了三次，妙不可言。你们真了不起，把这不可言的东西都说了出来。看顺序，为什么这样变？

生：一变是美人计，二变变成了找女儿的老婆婆，是苦肉计。三变变成了信佛的老公公，刺激唐僧，让他赶走孙悟空，这是——离间计。

师：而且一计接着一计，这叫——

生：连环计。

（5）出示歇后语。

白骨精开口——

白骨精送饭——

白骨精的饭食——

白骨精骗唐僧——

……

（6）再次小结：（板书：有意作恶）所以不叫白骨妖，叫——白骨精。所以，变一次，就得打一次，变两次，打两次，变三次，就打三次。要把这里的恶——打死。

2. 聊一聊"打"

生读三次"打"的相关文字，出示提炼出的三次"打"。

师：为什么这三次打得不一样？

生：第一次妖精是迎面走来，没想那么多，所以就劈脸一棒；第二次老妇人矮，所以就当头一棒；第三次要置妖精于死地，所以抡起一棒。

师：你们知道金箍棒有多重？

读读原文中关于金箍棒的描述。

师：打得怎么样？

生：打得好、狠、妙，妙不可言。

生分三组读三次打。

师：唐僧是怎样看的呢？

生读相关文字。

看第三次打后的责难。

出示"唐僧转回身不睬，口里……不受你歹人的礼"（板书：无心向善）。

读一读。

师：看，这个故事里有三变，有三打，有三责。你读着觉得重复吗？为什么？

生：因为三变，变的内容不一样。

师：三变的内容不一样，三打、三责的内容一样吗？

师：而且，这三次中间有联系吗？一次比一次深。我想到了歌曲有三段，是为了反复抒情。所以，课文这样写是为了——

生：反复叙事。

师：（板书：变中有不变，不变中有变）写作时反复叙事，一波三折，引人入胜。

师：《西游记》中用到"三"的还有——（出示报告单上半部分）。

如果把白骨精替换成别的妖精，你也可以发现起因、经过、结果，比如换成红孩儿，说说起因、经过、结果。

师：你们发现没有，所有的故事都可以像这样，找到起因、经过、结果。整本书都像这个故事，都可以看成是——反复叙事。一路上遇到了那么多妖魔鬼怪，作者为什么要那么写？

生：表现取经的艰辛。

生：表现当时社会生活的腐化。

师：相信到了初中，你对这方面的思考会更深刻。

师：他们到了那么多国家，不管到哪儿，要凸显他们的——决心和毅力。我们才发现，人物、情节、环境等都是为了谁服务——人物。

五、聊人物

生自由聊一聊。

1. 聊唐僧和悟空

生读相关文字。

师：他给孙悟空留下商量的余地了吗？那该怎样读？

生读。

采访唐僧：山势险峻……你就没有想到会有妖精出现，要吃你？你说孙悟空无心向善，那你心中的"善"是什么？

学生小组聊，并交流。

找一个学生扮演唐僧。

生：这险峻的山中，肯定有妖精，你为什么不相信孙悟空呢？

生：我相信世上还是善多。

评价：有没有其他想法？为什么看不到孙悟空的善？

生：师父错了吗？师父这样对你，你为什么还要打？

生：他是我师父。打妖精是我的天分。

生：为什么师父念紧箍咒，你还要苦苦哀求？

生：当年是他救我出来的。

师：孙悟空不但有情也有义。安慰安慰悟空，劝劝唐僧吧！

生：你是肉身，看不出妖精。

师：矛盾冲突就出来了，如果没有矛盾冲突，你愿意看吗？

生：不愿意。

师：对，有了矛盾冲突，才会有人物鲜明的性格。

2. 聊八戒

读课文中的一句话。

师：八戒贪吃，还贪——

出示原著中的一段：胃口大，生读。

出示原著中一打后八戒的表现，生读。

美由美而来——《清澈的湖水》案例

【教材简析】

《清澈的湖水》是人教版六年制小语第四册中的一篇既有时代感又有教育意义的文章。课文叙述了小洁游玩时被湖中美丽的景色所感动，不忍心将面包纸扔进清澈的湖水里，并对小男孩破坏环境的不美行为产生了不满。选编本文，意在加强与学生生活的联系，教育学生热爱、欣赏、保护大自然之美。

【教法、学法尝试】

读悟法。

【教学目标】

（1）学习课文中生字，理解"皱纹""企盼""变幻"等词语。

（2）通过多种形式的阅读实践，充分感知山石的有趣、湖水的清澈和小鱼的可爱。

（3）读中体悟热爱自然，保护环境的重要性。

【教学重难点】

美读课文，读中感悟。

【教学准备】

（1）课件：①大自然风光片；②山石、水天一色图案及小鱼跳跃动景图。

（2）水粉画挂图（附有废纸、饮料瓶、塑料袋等废弃物及花草、小鸟、鱼等事物的可粘贴图片）。

【教学过程及设计意图】

第二课时

（一）课题入手，明确要求

（1）我们接着学习第21课《清澈的湖水》，请小朋友们伸出手指和老师一起写课题，注意"澈"字写紧凑些。上节课我们学会了生字，初读了课文，这节课我们不仅要把课文读好，还要理解课文内容。

（2）先"开火车"读词语卡片：清澈、波纹、变幻、表演、企盼、欣赏、展翅欲飞。

设计意图：以强调写好"澈"字和读词语开始，把字词句的训练与课文情景有效地联系起来，从而为进一步展开对课文的细读做了有效的铺垫。

（二）紧扣景色美，阅读交流

1.导入

现在，老师带你们去旅游（播放风光片，同时伴师画外音）。看看这迷人的自然风光吧，万物和谐地相处，使大自然如此美丽，使我们祖国的山河多姿多彩。

设计意图：采用课件，以直观的优美画面刺激学生感官，使他们真切地感受到美的氛围，逐渐融入美的意境之中。

2.品读课文

书中的小洁也看到了这美丽的湖光山色，请同学们自由读课文，把文中描写景色美的句子用"〰〰〰"勾出来。

（1）读山石美，指名试读，同学评议。

图文对照，再读时体会山石的形态，体味比喻句的生动、龟兔赛跑的巧妙。假如你是雄鹰，表演一下"展翅欲飞"。

出示放大的山石图，引读："看，这边的山石像——（生齐答），那边的山石像——（生齐读），半山腰的山石像——（生齐读）！"

指导学生用"像……像……好像……"说一句话。

（2）读湖水美，分小组齐读。

指导朗读。

让学生带表情读出水天一色的神韵美。

（3）读小鱼美（课件出示小鱼跳跃动景图与句子）。谁愿意来夸一夸这美丽而富有生机的景象？

个别读，男、女生比赛读，配乐范读。要读出活泼、有趣的语气。

设计意图：本环节让学生通过有目的、多形式的反复朗读、赛读、配乐范读等，充分感知山石的有趣、湖水的清澈和小鱼的可爱，进一步感受大自然的和谐与美丽。

（三）抓住行为美，质疑解疑

1.分析小洁的动作、神态相关句子

默读有关描写小洁动作、神态的句子，对于不懂的地方做出标记，和同学讨论解决。

（1）小洁为什么没有把面包纸扔进湖里？

湖面的美丽唤醒了小洁；小鱼的可爱感动了小洁。

（2）最后她扔到了哪里？

（3）鼓励学生大胆表达。

设计意图：认同阅读是学生个性化的行为。学生爱问是天性，努力让学生在课堂上敢问、爱问，不仅是教学的需要，更是张扬个性的需要。对学生提出不同问题的举动，要用赞赏的目光、鼓励的言语给予肯定，为学生的个性发展提供更为自由、舒展的平台。

2.分析不美的人和事

课文中出现了不美的人和事吗？用"_____"画出来，怎么读？（气愤、惋惜）。

（1）指名体会读，先让大家评议，再指名读。

（2）想读的同学一起来读。

（3）角色互换。假如你是小洁，你会对小孩说些什么？（小组讨论交流）

设计意图：让学生喜欢读，营造"我想读"的氛围，让学生始终保持"读"的热情与渴望，在以"读"为本的基础上有所"思"，有所"悟"。在角色互换中鼓励学生大胆设想，畅谈自己的想法，既培养了学生的创新意识，又对学生创新性人格的塑造起到了推动作用。

（四）联系实际，深化教育

（1）小孩乱扔香蕉皮会导致什么后果呢？学生联系生活实际发言。

（2）延伸至环境污染及环境保护话题。教师出示一幅被废弃物污染的图，由学生祛除污物、垃圾，再创造地性粘贴出美景。

（3）自身怎么做？从我做起，从现在做起，从小事做起——绿色承诺卡。

设计意图：此环节体现了语文的实践性和综合性，学生先结合生活实际说出破坏环境的恶果，如沙尘暴、土地沙漠化、疾病流行等，接着课堂中用自己的双手将污物图变为一幅美景图，体验美的可创造性，最后落实到自身实践——绿色承诺卡，由此，激发学生发现美、保护美、创造美的激情。

（五）结语

这节课，同学们个个都是环保小卫士，是热爱大自然的好孩子，长大后一定会创造出一个更美的世界！

作业：画一幅你喜爱或想象中的美丽景色。

设计意图：让学生充分感知景物、人物之美后，把心目中的美画出来，旨在培养学生的想象力，引发浓厚的学习兴趣，再现情境，强化记忆，同时进一步深化主题。

【板书设计】

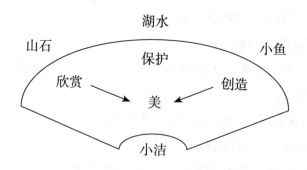

设计意图：板书中文图结合，既符合低年级儿童的认知规律，又体现了浓浓的人文性，童趣十足，使学生从美化的板书中受到感染，从而激发学生保护大自然的美好情感。

《小白兔和小灰兔》教学设计及教学反思

【教学目标】

（1）认识"翻、浇"等8个生字。会写"拉、给"等6个字。

（2）正确、流利、有感情地朗读课文。对比小白兔和小灰兔的不同做法和不同收获。

（3）愿意做一个爱劳动的好孩子。

【教学重难点】

认识生字和朗读课文，体会"只有自己种，才有吃不完的菜"的意思。

【辅助手段】

课件。

【课时安排】

2课时。

【教学过程】

第一课时

（一）导入新课

我们这节课要学习故事《小白兔和小灰兔》。板书26小白兔和小灰兔。

课件示图片，跟2只小兔打声招呼。学生齐读课题。

（二）初读课文，认读生字词

（1）听课文泛读录音。

（2）默读课文，自学生字。要求：找出要求认的生字并圈上，看拼音多读几遍，记住字音，标出自然段。

交流汇报：①按顺序利用已学过的多种方法识记字形，如熟字加偏旁（月——巴——肥、扌——旦——担），熟字换偏旁（桃——挑、但——担、拖——施），组词，适机表扬；②利用生字卡，开火车请学生当小老师教生字读音（重点指导容易认错的字，提醒学生注意，"浇"和"挑"是三拼音，"翻"和"肥"的声母是"f"，"施"是翘舌音。）；③读词语："你指我读"，拍手齐读。

（三）再读课文，感悟内容

数一数，课文共有几个自然段？

指名9位同学接力读全文，结合课件展示课文中小白兔和小灰兔的不同做法和不同收获，让学生在听的过程中，比较一下小白兔和小灰兔的不同之处。

（1）比态度：学习1~3自然段。

师问：老山羊为什么把白菜送给小白兔和小灰兔？它们收下没有？

生答：小白兔和小灰兔帮助老山羊收白菜，老山羊送它们白菜是表示谢谢。小灰兔收下了。小白兔不要白菜，要了一包菜籽。板书：要白菜、要菜籽。

师问：小白兔和小灰兔帮助老山羊收白菜，这说明了什么？

生答：小白兔和小灰兔帮助老山羊收白菜，说明它们乐于助人。

师问：从哪里可以看出小白兔和小灰兔很有礼貌，读书中的句子，在表示礼貌的词下加点。

"谢谢您！"表示小灰兔接受老山羊的白菜时很有礼貌。

"我不要白菜，请您给我一些菜籽吧。"小白兔在和老山羊商量，请求老山羊给它一包菜籽。

请3位同学每人读1个自然。

（2）比表现：学习4~6自然段。

师问：带着问题读4~6自然段，一个同学读4~5段，另一个同学读第6自然段。问题是：它们俩到家后的表现有什么不同？

生答：小白兔回到家里，翻土、种菜、浇水、施肥、拔草、捉虫。白菜很快长大了。板书：种菜。而小灰兔回到家里不干活，饿了就吃老山羊送的白菜。板书：吃菜。

找一找描写小白兔种菜的句子，用"·"标出小白兔种菜的动作。

因为小白兔勤劳，白菜"长大"了；因为小灰兔懒惰，白菜"吃完"了。你来夸夸小白兔。

集体朗读4~6自然段。

（3）比结果：学习7~9自然段。

请3位同学每人读一个自然段。

思考：比较小灰兔吃完了白菜是怎样做的？小白兔这时挑着一担白菜去干什么？（小灰兔把白菜吃完了，又到老山羊家里去要白菜；小白兔挑着一担白菜，给老山羊送来了。）

小灰兔为什么"奇怪"？小白兔是怎样回答的？（小灰兔不明白，当初小白兔从老山羊那儿要的是菜籽，怎么现在成为白菜了？小白兔挑的白菜是哪儿来的？小白兔回答："只有自己种，才有吃不完的菜。"小灰兔这才懂得了小白兔自己种白菜，收了许多白菜，只有自己劳动才能生活得幸福的道理。）

（四）明白道理

自由朗读全文，说说这个童话告诉了我们什么道理？

齐读最后一句话。

（五）作业

（1）用"只有……才……"造句。这一训练难度较大，可让学生"补句"。例如，"只有爱劳动，才（有幸福的生活）""只有刻苦学习，才（有好的成绩）"。

（2）说带"把"字的词语。先让学生读例子"把地翻松""把白菜吃完""把窗户打开"，接着让学生仿说。

（3）大嘴青蛙张口说：小白兔是一只什么样的兔子？小灰兔呢？

举例：

小白兔是一只懂道理，爱劳动，非常可爱的小兔子；小灰兔是一只天真可爱，知错就改的小兔子。

【板书设计】

比态度　　比表现　　比结果

小白兔：要菜籽　　种白菜　　送白菜

小灰兔：拿白菜　　吃白菜　　要白菜

（只有自己种，才有吃不完的菜）

【教学反思】

根据教材特点联系学生实际，本节课我主要利用多媒体课件，采用自由读、集体读、指名读等多种形式来突破识字关；通过课件展示课文中小白兔和小灰兔的不同做法和不同收获，引导学生采用多种方法反复朗读、比较，从而体会"只有自己种，才有吃不完的菜"的含义。

教师指导学生运用自主、合作的学习方法，借助多种教学手段，采用多种形式认识生字，培养学生的主动识字习惯、寻求识字方法的能力；运用对比分析法引导学生通过比态度、比表现、比结果在师生讨论中找出解决问题的办法，从而培养了学生的团结合作习惯和说话、听话能力。

对于一年级学生而言，语文教学应培养他们乐于阅读的愿望，整体感知的教学设计可以达到这一目的。另外，阅读是学生的个性化行为，不要以教师指派来代替学生的阅读，教师从一开始就要有意识地鼓励学生自主选择阅读，并逐步培养他们对课文的感受、理解、欣赏和评价的能力。通过自主学习，探究性学习，充分调动学生学习的积极性。通过多种方法练读，以读代讲，让学生在读中领悟，在读中学习，使学生的认识不断得到完善和升华，最后对课文内容形成初步的自我理解。

我在教学之后反思还存在以下问题：个别学生对"翻"字未记熟。

《茶》习作教学设计及教学反思

【教学目的】

（1）通过看茶、品茶、说茶、写茶环节，描述茶的形状、色彩、味道、品质等，懂得写好作文要仔细观察的道理。

（2）进一步掌握状物文章的写法。

【教学重点】

写前铺垫，学习写法。

【教学难点】

对茶了解不深，形容茶的形、色、香、味、神有困难。

【教学准备】

幻灯片（中国十大名茶图片、例文等）、茶叶、茶水、茶具。

【教学过程】

（一）谈话引入

同学们，咱们平时习作材料都是从观察生活得来的。生活是我们作文材料的源泉，它取之不尽，用之不竭。同学们留心观察这节课，就会获得本次习作的材料。

（二）写前铺垫

1. 看茶

（1）欣赏中国十大名茶图片。

（2）课堂上，给每组学生分几碟茶，师："看，这就是咱们国家的特产——茶。它真惹人喜爱。大家把茶拿起来，仔细看看。"

学生一边抚摸，一边观察，个个爱不释手。

2. 品茶

教师配古乐后说："现在大家亲口尝一尝。"学生一边品尝，一边赞叹，人人喜形于色。

学生每人一杯，静静地观察，轻轻地闻，小口小口地品，就这样，走进了茶的世界，可能他们平时不怎么喝，但此时，他们却一个个深谙茶道似的，那音乐流淌在教室的每一个空间，如茶般飘逸。

3. 说茶

师：大家想一想，说一说。形状、颜色怎么样？味道如何？

生：尝尝，软绵绵的，甜津津的。尤其在闷热的中午，在树底下乘凉，吃茶，会感到轻松凉快，舒服极了。

生：苦苦的，涩涩的。

生：有回甘。

（三）例文引路，学习写法

出示例文一：《我爱故乡的杨梅》，指名读，说说写法。

出示例文二：《落花生》，指名读，说说写法。

（1）讨论回答这篇与上一篇的侧重点有何不同？（侧重精神层面）

（2）茶有哪些精神？

（3）小结。

（四）归纳写法，学生写茶

（1）小结状物方法。

（2）为了让学生写好茶，一是引导学生反复阅读《我爱故乡的杨梅》，指导学生学习怎样抓住中心，抓住特点，有层次、有重点的状物方法，使学生在作文时有所借鉴。二是给学生列出：写茶——形状、颜色、滋味、精神等。

（3）出示佳词、佳句、佳文采集，助学生一臂之力。

（4）学生尝试习作。教师巡视指导。

作业：①完成习作；②搜集茶的知识。

【教学反思】

现在多数小学生一提到写作文就感到头疼，他们说："作文难，作文难，提起作文我心烦。"为什么学生对作文有如此心态呢？我想，无非是他们对写作无意向，无储备，无兴趣罢了，因而执笔为文时就出现了搜肠刮肚、冥思苦想的被动局面。那么，怎样把学生从无话可说、无事可写、无情可抒、无感可发的困境中解脱出来，由"要我写"转变为"我要写"呢？前不久，我上了一节作文指导课，下面就这节课谈谈自己的做法和体会。

自我感觉这次作文指导是值得尝试的，效果是好的。究其原因，是我做到了"四个注意"。

1. 注意了对学生写前的感知训练

感知是写作的基础。学生对要写的事物，感知越深刻，写出的文章就越具体、越生动、越形象。因此，我让学生观其形，察其色，尝其味，触其质，将眼中茶变成腹中茶，将腹中茶化作笔下茶。

2. 注意了让学生先说后写

口述是笔述的先导。心理学实验表明，儿童对同样的题材，说清了再写与不说就写，效果大不一样，前者优于后者。因此，我引导学生从茶叶说到茶水，从茶水说到茶味，从茶味说到茶的精神，先出口成章，后下笔为文。

3. 注意了发挥课文的指导作用

读写结合是作文教学的基本原则。读是内化的吸收，写是外化的表达，读写结合，二者相辅相成。以《我爱故乡的杨梅》《落花生》为例，引导学生照杨梅这个"葫芦"画茶这个"瓢"，符合儿童善于模仿的心理特点。

4. 注意了作文指导的发散性

因人施教是作文指导的灵魂。它可以避免习作中出现千人一面、千篇一律的现象。为了开阔学生思维，我给他们列出佳词、佳句、佳文采集作为参考，例如：

茶叶慢慢地上升了，像棉花一样逐渐飘上天空了。

茶叶慢慢地涨开了，像一条条龙在天空中飞。

茶叶慢慢地一片片地下降，下面的茶叶像海底的水草一般招摇。

那茶叶漂在水面上，远望过去，就像一片绿色的草地，过了一会儿，草儿又变成了海底鱼儿，又过了一会儿，茶叶都沉了下来，但个个还是单脚独立。

大概他们还有未了的心愿吧。

同时，我还提倡学生自拟题目，目的就是训练学生的求异思维能力。

不足之处：由于准备的东西过于多，也较繁杂，冲淡了习作方法的引导，在课上未听到学生精彩的习作片段；在品茶环节，学生纪律有点乱，小组长由一人承担忙不过来，组员品茶也显得无序，影响了品茶结果。

《多彩的民间艺术》教学设计

【教学目标】

（1）了解家乡的地方戏剧、曲艺。学会欣赏家乡的地方戏剧、曲艺，体会家乡人的心灵手巧。

（2）在了解家乡的地方戏剧、曲艺的基础上，感受其美妙和艺术性，培养学生对家乡戏曲的热爱。

（3）激发学生学习家乡的地方戏剧、曲艺的兴趣和热情，力争使学生初步掌握家乡的地方戏剧、曲艺的唱法。

（4）树立学生为家乡的地方戏剧、曲艺做贡献的信念。

【教学重点】

使学生在了解家乡的地方戏剧、曲艺的基础上，感受其美妙和艺术性，培养学生对家乡戏曲的热爱。

【教学难点】

激发学生学习家乡的地方戏剧、曲艺的兴趣和热情，力争初步掌握家乡的地方戏剧、曲艺的唱法。

【教学准备】

多媒体课件。

【教学过程】

（一）创设情境，导入活动

谈话：褚老师想问你们平时都喜欢听什么？猜猜老师爱听什么？播放视频，猜猜看是什么？

（二）欣赏艺术，体验情感

活动一：欣赏民间戏剧、曲艺。

1. 听大戏

我们一起去看大戏喽！播放视频欣赏。

①东北二人转；②安徽黄梅戏；③四川川剧（变脸）。

演员们字正腔圆，眼神是那么自信，你来夸夸他们。

2. 赏曲艺

接下来让我们走进曲艺世界，感受它带给我们的精神享受。

①天津快板；②山东快书；③京韵大鼓：边说边唱的一种艺术形式。

3. 看舞蹈（扭秧歌，舞腰鼓，演杂技）

民间舞蹈由人民群众自创自演，是表现一个民族或地区的文化传统、生活习俗及人们精神风貌的群众性舞蹈活动。

① 东北大秧歌。指名上台扭一扭，全体同学试一试；

② 安塞腰鼓。指名读一读课文中赞美安塞腰鼓的句子：

看！——一捶起来就发狠了，忘情了，没命了！百十个斜背响鼓的后生，如百十块被强震不断击起的石头，狂舞在你的面前。骤雨一样，是急促的鼓点；旋风一样，是飞扬的流苏；乱蛙一样，是蹦跳的脚步；火花一样，是闪射的瞳仁；斗虎一样，是强健的风姿。黄土高原上，爆出一场多么壮阔、多么豪放、多么火烈的舞蹈哇！——安塞腰鼓！

③ 吴桥杂技。看照片说说感受。

这真是"台上一分钟，台下十年功呀"！

4. 懂知识

（1）以上这些都是民间艺术（板书课题），民间艺术包括地方戏剧和地方曲艺（板书）。

（2）地方戏剧是指东北二人转、四川川剧、安徽黄梅戏、西北秦腔等。

地方戏剧本质特点是以"歌舞演故事",深受人们的喜爱。

（3）曲艺是中华民族各种说唱艺术的统称，本质特征是"以口语说唱故事"，如京韵大鼓、天津快板、山东快书等。据不完全统计，至今活跃在中国民间的各族曲艺曲种约有400个。

老师希望大家通过这些充满激情的歌舞图片和通俗鲜活的文字，不但能从中领略民间艺术的精深广博与迷人风采，也能由此获得一些中国传统民族文化所蕴含的知识。

（三）关注家乡，明理导行

活动二：关注家乡民间戏曲。

（1）我们的家乡甘肃也有自己的地方戏剧和曲艺，你知道哪些？根据老师给你们的资料说说看。

（2）你最喜欢哪一种？为什么？

（3）师生交流。

①秦剧。秦剧是全省人民喜爱的剧种之一。

出示资料：秦腔是戏曲的一种，秦剧、"梆子腔"是甘肃起源最早、流传最广、影响较大的地方戏剧，远在元末明初就独树一帜。秦剧具有鲜明的地方特色，在基本腔调的基础上，吸收了昆腔、青阳腔的特长，形成了"高亢爽朗、激昂悲壮、动人心弦、表现力强"的独特风格。乐器有板胡、三弦、笛子、梆子、锣、鼓等，具有秦剧音乐的独到之处。表演更是丰富多彩，有一些特技绝招，如耍翎子、摇帽翅、弹胡子等。秦剧约有3000个传统剧目，著名的有《火焰驹》《三滴血》《赵氏孤儿》《游西湖》等。

甘肃省歌舞团博采各地民间歌舞之长，创作了不少深受群众欢迎的优秀剧目，其中，取材于敦煌莫高窟古代艺术的大型民族舞剧《丝路花雨》，以浓郁的民族风格和精湛的表演艺术，在国内外获得了很高的声誉，并以感人的剧情、优美的舞姿、绚丽的服饰荣获中华人民共和国成立三十周年献礼演出一等奖，有"民族舞剧的里程碑""处处体现着我们中华民族古老文化的艺术之光"之誉称。

今天我们有幸特邀到了临洮街第二小学秦腔校本课主讲赵兴波老师，他参加过省、市、区组织的秦腔大赛，多次获奖，曾在"甘肃大戏台"一展身手。下面让我们以热烈的掌声有请他为同学们演唱一段秦腔。

请同学们边听边想：你以前听过这种戏吗？说说你在什么地方听过它？它是哪部戏的片段？

唱得好不好？（好）想不想学？（想）。好，再次请赵老师教同学们几句。

孩子们，人并不是一生下来就很优秀，但是只要自己不断努力，就能够做到更好，甚至可以创造奇迹。哪位同学愿意把你的感受跟大家分享分享或者把你听到的内容跟大家说说？

② 陇剧。陇剧是甘肃省一个新兴的地方戏曲剧种，代表剧目有《枫洛池》《谢瑶环》《假婿乘龙》等。

约在100年前，民间艺人赶着毛驴，驮着锣鼓乐器，用皮影艺术表演陇剧。后经系统挖掘、搜集、整理、改造，这种艺术形式于1959年搬上舞台，并正式定名为"陇剧"。陇剧代表作《枫洛池》进京为国庆十周年献礼，被誉为"陇上奇葩"，接着巡回演出于大江南北十几个大城市，深受观众喜爱。

③ 花儿。花儿流行于本省临夏、甘南、岷县等地。

④ 皮影戏。皮影戏是甘肃古老的地方综合表演戏种，与木偶戏同为姊妹艺术，有异曲同工之妙。皮影戏是一种用兽皮或纸板剪制形象并借灯光照射所剪形象表演故事的戏曲形式。其流行范围极为广泛，几乎遍及全国，并因各地所演的声腔不同而形成多种多样的皮影戏风格，甘肃环县的道情皮影戏在全国有名。20世纪50年代，环县道情皮影三次进京演出，受到毛泽东、周恩来等国家领导人的高度赞誉。

欣赏皮影和木偶戏片段。交流：你听过皮影戏和木偶戏吗？你当时的感受如何？说说看。

⑤ 兰州太平鼓。太平鼓是甘肃著名的民间鼓舞，其按种类分为"跳鼓""骑鼓""桶子鼓""方鼓子"等。

其中当数兰州地区的"秧歌路鼓"最为精妙。这种鼓身长1米，直径0.6米，表演者将饰有彩绸的鼓挂在肩上，在一位持有旗杆者的指挥下，组成各种队形，边走边翻滚击鼓，气势雄浑，热烈欢快，豪放威风，表现了甘肃人民豪爽坦荡的性格。兰州地区的太平鼓曾参加过北京天安门的游行检阅，在全国颇有名气。

⑥ 社火。请同学们看照片在小组内讨论回忆一下。

今天的课上，你有什么收获，知道了什么？（第一次感受到我们身边充满了这么多文化和艺术，第一次感到我们生活的这个世界如此美丽！）

（四）继承传统，总结升华

传承文化、保护非物质文化遗产是我们每个人肩上的责任，虽说秦腔、皮影戏、陇剧都是我们甘肃大地上盛开的戏曲界的奇葩，可是，在现代文化的强烈冲击之下，陇剧也陷入了濒临衰亡的边缘，演出团体及演出场次锐减，传承链几乎中断，处于被大剧种和时尚文化取代的困境，如不加关注与保护，势必越来越边缘化乃至衰滞、消失。国家非常重视非物质文化遗产的保护，2006年5月20日，陇剧经国务院批准被列入第一批国家级非物质文化遗产名录。你准备为家乡戏曲的发展做怎样的贡献呢？（热爱）

甘肃好，兰州好，谁不说咱的家乡好！祝愿我们的家乡越来越美、越来越富饶！让我们再夸一夸家乡，同学们大声读。

【板书设计】

多彩的民间艺术 ⎰ 地方戏剧
　　　　　　　　　戏曲
　　　　　　　　　地方曲艺

《相信我能行》教学设计

【教材简介】

本课属于第一单元的第四主题。本节课是在了解学生的优点和不足、兴趣和特长的基础上，进一步使学生排除烦恼，战胜胆怯、自卑的心理，让学生相信自己能行，逐步铸就学生相信自我，敢于大胆尝试的良好意志品质。

【教学目标】

（1）情感、态度、价值观目标：了解自己的优点和不足，懂得发挥自己的优势，树立自信心，形成积极进取的生活态度。

（2）能力目标：能正视自己及他人的优点和不足，初步形成正确的评价能力。

（3）知识目标：懂得只有相信自己，敢于表现自己，才能使自己得到锻炼、得到进步的道理。

【教学重难点】

通过师生的双边活动，帮助学生排除烦恼，战胜胆怯、自卑的心理，逐步铸就学生相信自我，展示自我，敢于尝试的良好意志品质。

【教学准备】

多媒体课件。

【教学过程】

（一）创设情境，导入活动

谈话：孩子们今天很高兴在你们班上课，老师有信心上好这堂课，你们有信心吗？（有）从你们的声音中我听出信心不足，有信心吗？（大声有）。再请从你们的坐姿中表现出你们的信心。

播放林妙可在奥运会开幕式上的表演。

师：看了林妙可的精彩表演，你觉得她是一个怎样的孩子？（说出她很自信就可以）

只要相信自己，就一定会做好每件事！（板书课题：相信我能行）

（二）表演情境，体验情感

（1）师：可是并不是每个人都能这样做，有两个小朋友就遇到了困难，让我们来看一看是怎么回事。打开书12页先看看丁丁和甜甜的烦恼。

（2）表演丁丁和甜甜的故事。

（3）出示幻灯片提示：你对丁丁和甜甜的表现有什么看法？帮他们出出主意。

（4）小记者采访：丁丁，听了大家的建议和鼓励，想对大家说些什么？（请扮演丁丁的同学说说感想）甜甜，你呢？

（5）丁丁和甜甜战胜了苦恼，让我们为他们表示祝贺！（板书）

（三）阅读、拓展，明理导行

（1）还有一位同学叫张小波，原本很优秀，可是缺乏自信，让我们读读他的故事。

（2）阅读13页张小波的故事。张小波由刚开始的胆小到自信，最后到成功，是多么可喜的变化呀。

（3）讨论思考：你在课堂上有没有不敢举手发言的时候，在学英语时有没有单词记不住，觉得自己特别笨，不想学的时候？跑步时有没有落到后面而不想跑的时候？你认为原因是什么？长期下去有什么危害？今后怎样做？

（4）幻灯片出示："要想让自己在各方面得到锻炼，就要敢于表现自己，把自己展示出来。"

（5）我们玉门街小学有许多小朋友敢于展示自己的才华。

（出示学生活动照片，学生上台当讲解员。）

（6）说一说：①屏幕上的同学说：学习电脑我能行，锻炼身体我能行，打篮球我能行，唱歌我能行，跳舞我能行；②开火车大家说一说：（　　　）我能行。

咱们班同学在各个方面都非常优秀，那么就大胆地展示给我们看。（板书：亮出自己）（展示时教师及时给予评价）

（7）孩子们，人并不是一生下来就很优秀，但是只要自己不断努力，就能够做到更好，甚至可以创造奇迹。请看大屏幕（播放《千手观音》视频）。画外音：这是21位听不见声音，说不出话来的聋哑演员，他们的舞姿却是那么优美，他们的眼神是那么自信，你来夸夸他们。

（8）是呀，残疾人都能战胜自己，攀上生命的高峰，我们健全人还有什么做不到的呢？

（9）同学们，跟《千手观音》的表演者比一比，你发现自己还有哪些不足，你想对自己说些什么？你准备怎样做？小组内先说一说。

（10）全班交流。

（四）总结升华

（1）老师相信你们一定能战胜自己，做得更好！最后，老师送大家一首小诗，同学们拍手读。展示你的朗读水平。

幻灯片出示：《我能行》。

（2）自信不但能帮助我们获得成功，还可以创造奇迹，让我们在生活中、学习中处处充满自信，不断地告诉自己我能行，我们一起来（板书）加油！再让我们挺起胸膛，大声说（幻灯出示：我很棒！我真的很棒！我真的特别棒！起立齐读）。

作业：做一个属于自己的信心罐。在信心罐里，储存爸爸、妈妈、老师、同学的赞扬，储存自己每一次小小的成功，让成功积累自信，每当我们遇到困难和挫折的时候、每当我们坚持不住想要放弃的时候，让我们打开信心罐，看一看，然后大声地告诉自己：我能行！

【板书设计】

相信我能行 ⎰ 战胜苦恼
　　　　　　 亮出自己
　　　　　　 加油，加油！

《我是中国人》教学设计

【教学目标】

（1）使学生知道自己是中国人，要热爱自己的国家。

（2）使学生掌握我国的国名、首都、国庆节等相关知识。

（3）使学生产生自己是中国人的自豪感。

（4）使学生进一步增强爱国主义情感。

【教学重点】

使学生知道自己是中国人，要热爱自己的国家。

【教学难点】

激发学生的爱国情感。

【教学时间】

一课时。

【教学准备】

多媒体课件。

【教学过程】

（一）活动：我是中国人

1. 听一听

（1）教师设问：同学们，你们听过《大中国》这首歌吗？会唱吗？下面咱们就来听一听，还可以跟着节奏拍手唱一唱。

（2）教师设问：你们知道这首歌是唱什么的吗？根据学生的回答，相机引出课题并板书：我是中国人。

2. 比一比

（出示图片）

教师设问：这些小朋友都是中国人吗？看看他们的肤色分别有什么特点？

根据学生的回答，一一进行分类（课件出示）。

小结：世界上的人种按肤色分为四大类，分别是白种人、黄种人、棕种人和黑种人，我们中国人属于黄种人。

（二）活动：我生长在中国

1. 看一看祖国好风光

（1）同学们，我们都是中国人，我们要热爱自己的国家。我国幅员辽阔、地大物博、历史悠久、文化灿烂，不仅有许多名胜古迹，还有许多美丽的自然风光，现在，我们就一起去游览祖国的大好河山吧！（课件出示图片）欣赏祖国风光图片。

（2）同学们，看完这些美丽的景色，你们想对祖国说什么？

（3）师小结：大家说得真好，我也想对祖国说：祖国妈妈风光美，我爱我的祖国！（随即板书）

（4）课件出示，生感情齐读：《神州谣》

> 我/神州，称/中华，
>
> 山川/美，可/入画。
>
> 黄河/奔，长江/涌，
>
> 长城/长，珠峰/耸。
>
> 台湾/岛，隔/海峡，

与/大陆，是/一家，

各/民族，情谊/浓，

齐/奋发，共/繁荣。

（5）你有什么样的感受呢？交流一下。

2. 了解中国历史文化

（1）讲一讲、听一听：①了解我们的祖先，听听黄帝炎帝的传说；②谁来讲讲大禹治水的故事。

（2）认一认、讲一讲：四大发明、四大名著、书法剪纸京剧、丝绸陶瓷刺绣等艺术。

（3）中华民族历史悠久，文化灿烂。大家一起跟老师说："为你骄傲，我的祖国！为你自豪，我的祖国！"

3. "尝一尝"中国美食

（1）欣赏中国美食图片。

（2）说一说你家乡的美食。

4. 中国高科技

学生了解：高铁技术、飞机DSI技术、飞机隐形涂料技术、造船技术、超级计算机、载深水器技术、全球卫星定位技术、卫星技术、量子通信技术、电磁炮技术、激光技术……感兴趣的课后看一看相关知识。

大家一起跟老师说："厉害了，我的国！"

5. 夸一夸杰出中国人

（1）学生分组齐读人物名字。

孔子、孟子、老子、韩非子，

秦始皇、汉武帝、武则天、成吉思汗，

李白、杜甫、李清照、苏轼，

蔡伦、李时珍、鲁班、屠呦呦……

（2）简单介绍一下你喜欢和了解的人物。

（3）大家一起跟老师说："厉害了，中国人！"

（三）活动：我爱我的祖国

1. 各族人民心连心

（1）出示各族小朋友手拉手图片让学生观察。

（2）师：这些小朋友在干什么？他们为什么这么高兴？

（3）小结：我们和全国各民族的小朋友一样，生活得无比幸福和快乐，我们是祖国的花朵，祖国的未来，我们都爱自己的祖国！

（4）下面让我们齐读：我们为祖国的山河壮美而骄傲！我们为祖国的繁荣富强而自豪！我们爱我们的祖国！

2. 祖国名字由来

听一听：（使学生了解祖国名字的由来，知道首都是北京，10月1日是国庆节）

师：同学们，今天的我们生活如此幸福，那你们知道祖国妈妈是怎么来的吗？

（1）简要介绍电影《开国大典》。

（2）巩固练习，填一填（出示课件）。

① 1949年10月1日，_____在天安门城楼上庄严宣誓：中华人民共和国成立了！

② 我国国名的全称是_____，简称_____。

③ 每年的____月____日，是祖国妈妈的生日，也就是_____节。

④ 我国的首都是_____。

（四）活动：我为祖国做点事（引导学生爱国）

（1）师问：同学们，祖国妈妈经历了风风雨雨，终于站起来了，而且越来越强大。我们要爱自己的祖国！作为小学生，我们平时怎样做才是爱国呢？（课件出示习题，学生仿照说一说。）

例如：

我节约用水，就是在热爱祖国。

我_____，就是在热爱祖国。

我_____，就是在热爱祖国。

……

（2）小结：同学们，你们刚才都说得非常好，老师希望你们能够说到做到，都用实际行动来热爱我们的祖国！

（五）活动：深情诵读，升华情感

我爱鲜花，

我爱白鸽，

我爱万里长城，

我爱长江黄河，

我是中国人，

我爱我的祖国！

【板书设计】

我是中国人

我爱我的祖国！

我的学习心得

"三个必须"你做到了吗？

伴着栖霞山的秋色，脚踩在玄武湖边软软的落叶上，我与南京又有了一次近距离的接触。南京城以她博大的胸怀和厚重的历史悦纳了50位来自兰州市西固区的客人。南京城厚重的文化底蕴和丰富的历史遗存深深地吸引着我们的目光，而让我们的心灵更震撼的却是南京的教育。南京自古以来就是一座崇文重教的城市，有"天下文枢""东南第一学"的美誉。我们在区委、区政府、区教育局的关心支持下，在玄武区教师进修学校的精心安排下，在我区教研室黄兰珺主任和进修学校梁战友主任的带领下，一路行来，感受南京教育的名不虚传。故盘点笔记，梳理思绪，感受颇深。

一、必须读书

2014年11月28日刚报到不久，中午吃饭时我听梁战友主任说下午有一节孙双金老师的课，我撂下饭碗，匆匆赶往孙老师所在的北京东路小学。孙老师教授的是《李白与月亮》。课上孙老师旁征博引、深入浅出，孩子们思维碰撞、情感激荡，课堂精致唯美；当孩子们交流以"（　　）月"为题的自创小诗时，课堂再次掀起高潮，孩子们的想象和才情令人叹为观止，孙老师情致语文的教学艺术更加深入人心。接下来，我从12月1日到3日听了7节课，有成贤街小学的两节京剧特色校本课、一节音乐新体系实验课；小营小学彰显小班化教学的一节数学课、一节语文课；北京东路小学的两节古诗词教学课。这些课的教师体现了教态、声音的外在美与文化底蕴深厚、情感丰富、教法灵活的内涵美，她们不仅教知识，还教方法，教情感，教做人；学生出彩，孩子们句句在理、字字珠玑、伶牙俐齿，积淀扎实。与这样的课堂相约，于我而言，不仅在理念上得到了提升，更让我的心灵受到深深的震撼。这些幻化成美好的回忆，浸润我们的心灵！感慨之余，思考这些教师的成功不是偶然的，是他们坚持读书的结果。其中俞浩淼老师只有31岁，从小爱读书，正如他所说，是读书成就了他。

既已为人师，读书是成长所需，可以完善人格，可以提升修养，可以让生命飞跃。"不出户，知天下。""读书破万卷，教学如有神。"所以教师们，今日起，读书吧！

二、必须研究

11月29日到11月30日，为期2天的讲座更是让我的教育教学理念彻底提升。听玄武区进修学校教育专家项平、丁加旗、杨向红、王跃平、王彩燕等滔滔不绝、挥洒自如的讲解，我心中十分叹服，叹服她们的口才，叹服她们的自信，叹服她们的敏锐，叹服她们的渊博。如此才气从何而来？所有教师都走着同一条道，那就是不断地读书学习加研究，朝朝如此，暮暮如此，年年岁岁，日复一日，永不停息，永无止境。读书学习已像吃饭睡觉一样，成为了他们必不可少的生活方式。

这5位专家都是研究者，都在研究中成长，在研究中总结。"教师即研究者"是国际教师专业发展的重要理念。教师专业水平的提高主要依赖于教育科研，教师应积极投身到教育科研之中，以获取自身专业化发展，实现自身生命价值。教师既是课程的使用者，也是课程的开发者和设计者，这就要求教师应以研究者的身份进行教学实践；不同的学生也需要教师创造性地进行教育，这也需要教师具备较浓的科研意识；还有，教师的专业知识拓展、专业能力提高和专业情义的发展，都离不开研究。所以，教育科研是教师使自己逐步由"经验型"向"科研型"，由"教书匠型"向"专家型"转化的孵化器。通过研究，我们才能转变教育思想，构建新的教育理念。

对我们来说，每位教师都是一座丰富的宝藏。作为一线老师，更是不得偷懒，不得懈怠，更不能应付工作，而应该踏上研究这条幸福大道，多钻研，常反思，找不足，求上进，这样才能在教师岗位上站住脚，立住根。

三、必须改变

这次南京之行我领略到了各位名师的教学风格，他们深厚的教学功底以及精湛的教学艺术，使我认识到了自己的不足——一句话，差得太远。也许穷我一生也未必能成为教育教学的专家，但我可以从现在起就行动起来，像专家一样投入到读书学习的活动中去，让读书学习也成为我生命活动中不可或缺的组成部分。必须改变自己，必须改变教法，必须改变生活方式。40岁，晚了吗？我想是不晚的。陶继新老师从40岁开始学经典文化，49岁开始背诵经典，如今71岁的他学识渊博，出口成章。

所以，在今后的教学过程中，我将更加努力探索教学方法，更充分地与学生互动，在保持课堂富有观赏性的同时进一步提高其务实性，以更加严谨的态度面对课堂教学，帮助学生树立学习意识，注重学生学习方法的培养，让他们从小就养成良好的习惯，有意识地提高语文素养，激发学习语文的兴趣，热爱祖国的语言文字，丰富语言的积累，真正喜欢上语文课。

教师们，希望大家少埋怨环境，多调整自己，多一些建议，少一些议论。改变现在才能有更好的未来！

写于2014年12月10日

教育要对谁负责

2015年7月16日至7月21日，我参加了西固区教育局组织的中小学校长深圳高级研修班培训。在这短短的几天内，深圳的"龙岗教育"给我留下了很深的印象，我从中领略到了教育大家的风范，欣赏校长代表的风采，感悟教育管理的新方法，开阔了教育管理的新思路。这次培训课程既有宏观的理论，也有微观的实际，让我的思想和心灵受到一次次的冲击和震撼，留下了众多值得回味与思考的话题，我深感每个人都在学习中得到了充实，在思考中得到了提升，在感悟中得到了成长。

一、学习

韩园林局长、刘静波、杨勇、曾灵芝、胡新天、叶德卫等10位名校长、专家的讲座，精辟的论述，先进的教育、教学、管理理念，都在教育引导着我，促使我反思，奋力前行。我们作为教育相对落后的地区，首先要规范办学行为，通过制度规范办学，也要根据教育发展的多元化或特色发展的需要，在办学评估与学校管理等方面给予一定的选择性，这样才能促进西固教育的快速发展。

当然，在培训过程中我区各位校长在各小组才艺展示中也充分展示了自身能力，特别是西固二校马国荣的二胡演奏，达川中心校达选正校长的口琴演奏，进修学校梁战友主任的小组诗朗诵，金沟中心校陶荣校长的歌曲演唱等，既让我们在学习之余感受了快乐，也让龙岗教师目睹了西固教育界的管理者风采。

此次培训让我懂得今后努力的方向是勤于学习，如参观考察、阅读教育论著和优秀教育期刊，因校制宜地引进外校办学的智慧成果等。

二、思考

每每望着孩子们那一双双稚嫩的眼睛，那一张张纯真的笑脸，我多次拷问自己的内心，对他们负责了吗？当孩子毕业时，他从学校带走了什么？他的童年记忆铭记了什么？他的人生是否已有清晰的方向？这是我们每一位教育者都该思考的问题。

通过参加培训学习，经过从理论到实践、从实践再到理论的探索，我得到的最大收获是——学会思考！

三、感悟

此次培训让我更加理解了学校该做什么，不该做什么，让我更明白了独特的办学视角和管理思想决定了学校今后的发展方向。国家教育委员会原副主任柳斌讲过：“一个好校长就是一所好学校，有什么样的校长就有什么样的学校。校长素质提高了，学校就办好了；校长素质下降了，学校就滑坡；学校品牌建设离不开校长素质的提高。”龙岗区教育局韩园林局长在讲座中则提出“一个好校长+一个好章程=一所好学校”。此观点我觉得提得特别好，校长的思想、专业水平、管理决策能力等将会带领学校方向，要想不偏离航道，就必须有高于其他人的智慧和能力才行。如果校长是专家型、学习型、研究型校长，引领出的教师队伍一定是往此处发展；反之，如果校长不及时提高自身素质，则队伍也会停滞不前。

专心读书、勤政务实、行为示范、依法治校、提升领导力等都是目前我们应该追求的。

四、追梦

我梦想有这样一所学校，它有特色所在、优势所在、风格所在。它的每一座建筑、每一处绿化、每一面墙壁、每一点细节都精雕细刻地传递着知识、文明、友爱、诗意和激励；它所有的制度、目标、评价、计划等都是为师生提供充分发展的机会而制订，是为校内每个师生都感到自己没有被忽视而设立；它的教育教学富有魅力，因材施教贯彻始终，它既能教会学生超越知识走向智慧，又能使每个学生体验学习的成功，享受学习的快乐；它从不用一个标准去要求所有学生，从不扼杀学生创造的激情和张扬的个性；它的师生走出校门，公众会很容易地猜出他们的学校、他们的身份，他们也以此为荣。它的每一名学生离开时带走的不是对学校、对学习的厌恶甚至仇恨，也不是只带走了知识，而带走的是对理想的追求、对生活的热爱、对困难的信心和对他人的友善，还有对学校的留恋。

　　总之，校长培训时间虽短收获却大，使我用心品味用之不竭，学以致用思考更深。培训也使我对未来的副校长工作充满了信心、动力和热情。今后我会结合我校的实际情况，及时地为学校的建设和发展出谋划策，努力学习同行们的学习态度、求知精神、协作能力，加强平时的学习、充电，使培训的硕果在追求优质高效、均衡发展的学校管理中绽放光彩。

写于2015年7月28日

让人生出彩

2015年11月1日至11月6日，我参加了西固区教育局组织的"好校长·好教育"中小学校长领导力提升高端研修班培训。在这短短的几天里，杭州的"高德教育"给我留下了很深的印象，也使我进一步认识到校长应具备的理论素养和能力素质，从而提升了校长的领导力、管理力、执行力，实现学校快速发展。应该说，这次学习不仅使我开阔了眼界，拓宽了思维，更明确了自己的责任和使命。虽然时间很短，但受益匪浅。

专家们认真的教学态度和严谨的作风，以及渊博、专业的知识，无不给我太多的惊喜。每天专题讲座都让我深有感触，令我深思，现选取几场进行分享：

第一天，来自浙江省中小学教师培训中心的李更生主任，为我们做《标准化的管理是什么样的"范儿"》的讲座。讲座基于对《义务教育学校校长专业标准》的理解与思考，分别从政治、教育、校长发展角度做了分析，并对校长专业标准的基本理念通过以德为先、育人为本、引领发展、能力为重、终身学习五方面进行阐述。

第二天，浙江省教育厅教研室评价部方张松主任做了题为《理想课堂》的专题报告。方主任用一系列翔实的数据和一个个具体的案例使与会的校长们意识到了我国教育目前所面临的严峻形势，因此，新课程改革与开发应该回归到学生身上，迫切需要考试评价改革的转型。他声情并茂的演讲引起了与会校长的强烈共鸣，对学校的管理也指明了努力方向。

第四天，英国普罗米修斯国际集团大中华区高级教学顾问李国云老师做了《互联网背景下的学校信息化建设与突破》讲座。李国云老师分享了他通过十多年教育培训和一线实践观察经历对教育信息化的见解。通过案例，李国云老师从便于观察、便于聆听、便于评估、互动协作、分享成长、启发思维等方面阐述了对信息化建设的理解，提出"互动"是师生、生生彼此相互作用、发生变化的过程。培训现场，每位校长还体验了如何通过答题器进行课堂学习效果的反馈和分析，并现场获赠教学互动软件。

专家们神采奕奕，侃侃而谈，其独特的视角、敏锐的分析，令我们不能不结合自己的学校、自己的工作重新思考。校长们必须加强学习，对学校发展有明确的发展目标与定位，重教学重科研重反思，努力改善管理方式与教学方式。

写于2015年11月8日

第四篇 我的学习心得

不忘初心　继续努力

金秋时节，美丽的北京，我们参加了北京师范大学兰州市西固区中小学中层管理干部高级研修班培训，感谢西固区教育局的精心安排和教师进修学校刘雷副校长等的细致服务。虽然为期很短，但受益匪浅，我领悟到作为一名新时期的管理者应有的新理念、新思想。下面我就学习和认识谈几点心得体会。

一、树立了终身学习理念

人们常说："要给学生一碗水，自己必须要有一桶水。"而现在我们不能只有一桶水，而必须有一眼泉。知识的日新月异，要求教师必须树立终身学习的观念，教师发展的希望在于教师的终身学习。新的时代、新的终身教育的发展趋势和新的教育教学改革，教师专业化运动的实践，都对教师终身学习提出了迫切要求。人的一生都要学习，当前社会伴随着信息化、全球化以及知识经济的到来，原有的生活方式、工作岗位、知识结构等的稳定性不断被打破，迫使人们必须不断地学习，不断地接受教育，并学会学习，善于创新，从而不断更新自我、完善自我。在学习型社会中，学习成为人的义务与权利，它不仅是为谋生，而且是为了创造生活；作为以帮助和促进他人学习为职业的教师，自然应当首先成为全员学习、终身学习的先进者和模范。教师作为教育的主要因素之一，必须适应当代社会对教师所寄予的越来越殷切的期待，要通过不断的学习来充实自我、超越自我。作为一个教师在终身学习中应该做到：首先，努力学习优秀传统文化，不断提高自己的思想政治水平，学习我国乃至人类创造的一切先进的文化成果，从优秀文化传统中汲取丰富的营养，学习党和国家有关教育的政策、法律法规，不断加强思想政治修养，对中外文化的吸收要取其精华，去其糟粕，古为今用，洋为中用，推陈出新，继往开来。其次，努力适应教育改革与发展的需要，不断学习新的科技知识。随着已有知识的不断更新和新知识的激增，反映到教材中的知识也日益丰富和加深，这就要求教师要及时吸收新的知识，使自己的学科知识达到现时要求的深度和水平，并构建未来教育工作需要的知识结构。另外，不断学习新的教育理论，提高教育教学的创新能力。丰富的教育教学理论知识虽然不是教师成功的充分条件，但对于教师创新能力的培养却是必要条件。固然，作为教师要不断地坚持学习和研究，适应新课程改革的挑战。教师只有不断地关注和学习教育理论知识，其终身发展才能获得永不枯竭的动力源。

二、观摩了名校办学风采

培训中我参观了史家小学、广渠门中学、北师大校史馆，他们的校园文化、学校底蕴、领导干部、教师队伍、办学理念等都使我扩展了视野，提高了德育管理意识。尤其是卓立校长提出"一切为了孩子"，把学生作为学校一切工作的出发点和归宿。这是多么有分量的提法，使我联想到这些年来一个响亮的口号：一切为了孩子，为了孩子一切，为了一切孩子。史家小学正是落实了这个提法。广渠门中学的学校课程和优雅的环境让我们置身于美丽的育人环境，让人印象深刻。北师大校史馆厚重的历史文化底蕴让我们对这所师范类最高学府有了更深的印象。

三、领略了专家学识魅力

在这次培训中我有幸聆听了专家们的理论讲座、指导，感受很深。此次培训以"讲座、专家指导、教育考察、以案例为载体"为主题展开，内容丰富，形式多样，具有活、新、实的特点。通过培训和大家的讨论交流，我的观念得到进一步转变，拓宽了思路，提升了学校管理意识。

几位专家的执着、认真、钻研的精神以及创新智慧，渊博的学识，深深触动了我们。从无知到有所得，从聆听到思考，从思考到收获，确实令人振奋不已。各位专家教授的讲座还涉及了很多为人处世的道理，让我知道了怎样和领导、同事及我们周围的人友好相处，也让我们学会了微笑，微笑面对人生，微笑面对身边每一个人。我觉得我们这次活动就像唐僧取经一样取到了不少真经，很有意义！我也坚信，通过不断努力和倾情投入，奋发进取，无私奉献，不断充实教学生活，我们可以使自己的日子过得有滋有味。

以北师大培训中心刘晨元教授在结业仪式上的发言来总结：几天培训很快结束，将所学内容应用于实践是最重要的。别人的经验是几十年积累所得，校校不同，我们的现实条件有区别，我们不能照搬，学习它的灵魂和思想即可，汲取营养，摸索办学规律，浇灌出自己的果实。

总之，本次培训开阔了眼界，促进了反思，提升了素质，厘清了思路，真正学有所获，面对未来，任重而道远——昨天的微不足道，今天的正在争取，明天的正在拼搏！

写于2016年4月10日

锤炼心智　感悟人生

为期三天的训练结束了。我把它叫作训练而不是培训，是因为它比起我以前所参加过的重形式而轻体验，一味空洞地说教的培训更让人感受真切而深刻。我们的主讲老师刘逸舟先生在这短短的三天里在我的心里留下了一道深深的痕迹，以至于我回到家都感觉自己浑身充满了正能量。确实如同他和我们说的一样，"三天就是一生"，这三天着实让我感悟不少。

刚开始，我以为这不过又是一次无聊的听别人演讲，说一堆自己或许根本就听不懂或者不认可的话的培训而已，但是现在回想一下当时真是大错特错了。这短短的三天让我大为震撼，但是却值得。第一晚，当我知道男同胞们居然昨天就到了，心里小小地震惊了一下，又看到平时的"黑面虎"们居然个个面带微笑，平易近人，穿着统一的红色T恤，变身为助教，亲切而阳光地和我们每一个刚到的老师击掌问好的时候，我觉得怪怪的，但是感觉还是蛮好，进入会场的那一刻不禁对这次培训产生了很大的好奇。带着这样的好奇我们开始了第一晚的培训，老实说第一次晚上参加培训，但是我还是充满了好奇与期待，一点儿也没有感到疲倦。当主持人上场，跟大家问候晚上好时，在会场后方整齐地站成一排的助教们居然声音洪亮而整齐，并配着大方有力而俏皮的手势答道"好，刚刚好，耶"时，我心里又轻轻地为之一震，怎么转变这么大。而如今，我坐在家里写着我的培训心得，如果别人这样问候我们，我想我们也和当时的助教们一样大方地做出回应，并且觉得主动和认识的人问候，对他们微笑，其实是非常让人开心，感觉积极向上的一件事，而不是自己以前经常一脸苦相的时候心里想的那样根本无所谓。别看这一个小小的简单的问候，其实当我们每天都能面带微笑地主动和自己的朋友、同事问候的时候，最快乐、最充满正能量的就是我们自己，同时把这样的正能量传递给了身边的朋友们，在自己身边就慢慢地形成了一个和谐阳光的气场。这样，不管我们工作还是生活都会感觉非常轻松愉悦甚至幸福。就像今天逸舟老师跟我们分享的"痛则不通，通则不痛"一样，这个中医道理其实也是我们的心理学道理、生活道理。当我们把自己真实勇敢的想法表达出来的时候，我们就不会觉得堵得慌，就会觉得心里特别舒畅，做事自然更得心应手了。

首先，我们要正确认识自己，接纳自己，不要走得太快而忘记了自己当初为什么要出发。每个人都有优点和缺点，那些有所成就的人也不例外。只不过他们把自己的优点发挥到了极致，以至于他们的缺点没有了生长的土壤，从而不被别人发现而已。

其次，我们要学会用欣赏的眼光看待别人，相互扶持和鼓励。有时候输了，其实是赢了，有的事没必要太计较，反而很好。

最后，虽然有些问题我至今仍然没有答案，我仍然为之痛苦着，我还将在人生这段旅程上不断地寻找，但是这次培训中"生命之旅"这个游戏深深刺痛了我，让我知道自己还活着，自己必须不断地追寻而不是渐渐地麻木。对于信任我们的人，我们应该怎样？对于一直被我们所信任的人，他们一直肩负着怎样的爱和责任，我们又应该怎样去回报？我想这是我一生需要思考的课题。

写于2016年5月

一场教育情怀的相遇

尊敬的领导，亲爱的同人们：

大家晚上好！

我是来自临洮街小学的褚丽霞，谈到本次学习的感想，我觉得就是：一场教育情怀的相遇。

我们相遇在美丽的"天府之国"，源于西固区教育局领导们对西固教育的高瞻远瞩，源于领导们对管理者团队培养的重视，也源于我们对知识的渴求与对梦想的憧憬。108颗心拥有同一个教育梦，扎根同一个研修班，相信每一个学员通过本次培训都有满满的收获，都将满载而归。从此，那些坦然与无憾，犹如常青的藤蔓，将会爬满我们生命中的每一个季节。

相逢是首歌，回忆一起走过的日子，我的感触很多，而我最想说的一个词就是"感谢"。我提议让我们把真挚的谢意献给西固区教育局张达等局长，进修学校、北师大教育培训中心、成都师范附属小学、北师大成都实验中学、电子科技大学附属实验小学等诸多单位部门、领导，他们为西固区108名管理者用心奉上了这盘教育高端研修盛宴。

从陶行知到李镇西，从罗清红、杨霖到徐猛，从李江源、李小融到王真东、杨校长、康校长等。从古至今，从南到北，大师辈出，薪火相传，一个个教育的美丽传奇、动人的故事，精彩上演，跌宕起伏，令人神往。

学习的时光里，收获总是满满，大数据课堂让我们行走在教育路上并展望未来，"授课包""观课云""微师培训项目"的创新实践，让我们了解了信息技术对教育进程的影响，从而明白了给学生足够多的信息，教育才有未来。杨霖教师对品格教育的执着追求，启迪我们不能做"文不能内化入心，德无法渗透入行的'知识分子'"，而是要让你我遇见最好的自己。"人因思而变""听课后三问"，因陈大伟老师的讲座温润着我们的灵魂，我们进而去体味成都七中育才学校学道分校的社会实践体验课程，去寻找教师专业化发展路径，以解决本校实际问题为出发点，转变思维方式，转变管理理念，转变学习方式，"纠缠""共振"，从而办高品质学校，做有灵魂的教育，等等。

有好校长，才有好教育。我们已经有所认识，所以我们放下学校工作奔赴蓉城圣地采撷、锤炼、成长。我们聆听思想，我们采访名校，我们反思悟道，我们以最虔诚的方式，最勤朴的学习，领略专家风采，起舞教育情怀。

我们更明白，张达局长的殷切期望；我们更明白，全校师生寄予厚望；我们更明白，自己肩负的责任与使命等。这些就像无价的真经，就像宝贵的财富，必将激励我们自己的教育人生，必将精彩我们自己的教育故事。

"怀我千载心""襟怀尽冰雪。"最后祝愿西固区教育同人各个胸怀天下，"发勇猛精进心，勤加修习"（李叔同语），将来变为真正的专家型校长、教育家型校长、专业不可代替型校长，以管理智慧创造出令我们更加神往的西固大教育史话。让西固教育散发馨香，悠远而绵长……

谢谢大家！

写于2017年4月22日

碧水古道乌篷船，读书反思成长路

——绍兴班学习体会（一）

美丽的绍兴历史悠久，名人辈出，碧水古道乌篷船，读书反思成长路。我们追随着专家学者睿智的思想光芒，我们沉浸在浓浓的学术研讨氛围之中，边学习、边思考、边参与，以提升专业水平为目的，以解决实际问题为基点，以交流分享为平台，切切实实学到了有用的信息，运用到自己的工作实践中去。

回忆自己今日学习之旅。上午，浙江省教育厅教研室张丰老师的"校本研修的实践嬗变"讲座从教学管理、学习方式、实践研修、简化教师研究形式四个方面给我们带来了精神盛宴。我印象最深的是独立备课研修活动案例，独立思考在先，利用资源在后，从而形成二次、三次教案，并就三次教案设计形成过程及资源应用中的启发写出体会并分享交流。此案例直击目前大部分教师备课弊端，也为我们指导教师备课提供了可操作性强的方法，使我受益匪浅。下午，绍兴市教育教学研究院院长吕华荣的"以小课题研究促进教师专业化发展"的讲座更是很接地气，吕院长从教师切入课题研究二次成长是教师专业成熟的重要契机，引领着我们慢慢思考课题研究的误区、概念、做法，对于一线教师的小课题研究更是从选题、投入、周期、方法和成果诸方面通过一个个研究案例深入阐释，让我们对课题研究具体可感，兴趣盎然。

　　"鉴湖越台名士乡"带给我们对教育教学的专业化发展更多思考。相信，一代代名人智慧的结晶和一堂堂精心打造的课堂定会给兰州教育带来新发展，也定会促进金城名师更快成为金城教育家、金城大学者……

　　我们盼望着，我们践行着，我们努力着……

变革 教学新时代的呼唤

——绍兴班学习体会（二）

26 日上午，呼吸着江南水乡清新的空气，伴随着同行者前进的铿锵步伐，我再次走进绍兴高研班，见到了昨晚就让我们提前预习课程的桑新民教授。桑老师虽已接近70岁高龄，然而精神矍铄，思维敏捷。他所倡导的"太极学堂"，以"互联网+"形式引发了我们对信息化教学变革的深度思考：课堂向学堂的转变，教师中心向学习者中心的转变，教材资源向网络资源的转变，教师以自我为中心主义向尊重学生个性发展的转变……这些都让我们以参与学习者的身份进行了一场头脑风暴。不由得慨叹：知不足才能学，自己学的太浅太少，需要改变自己的学习方式，让知识成为我生命中的导师。

下午，我见到了带着浓重江浙口音，面色红润，才思敏捷的任学宝教授，他带来了浙江省高中课改的经验与反思，让我们了解了浙江高考改革的基本情况、主要做法和问题对策，高考改革的实施也定会决定基础教育改革的实施。单从学校课程设置方面来讲，基于学生核心素养的必修选修课程设计，学生活动的考量，资源整合，学科文化架构，教学的优化，评价的优化等，都将逐步渗透到初中和小学教育，我们的教学方法也势必改变，那么什么时候变？怎么变？变什么？变了之后怎么样？这些都是我们接下来要去思考和践行的课题。

　　我心想：是什么让桑新民、任学宝这些专家学者如此年轻、如此健康、如此精力充沛地投身于自己所热爱的教育研究领域？也许源于对教育事业的执着追求，也许源于对生命价值的准确定位，也许源于对文化知识的敬畏和尊重，也许源于"不用扬鞭自奋蹄"的学习精神……但我想说：感谢你们，是你们让教育更精彩、更有味！

学习之道重在思考

——绍兴班学习体会（三）

我思故我在。

——笛卡儿

一、教师情怀

引经据典、谈古论今、侃侃而谈、挥洒自如，"谈笑有鸿儒，往来无白丁"。这是兰州老乡杭师大博士生导师赵志毅教授的课堂风采。我们在笑声中度过了三个半小时，没有倾听就没有感悟，没有思考就没有收获，那我们在这堂课获取了哪些信息呢？我梳理了一下教授幽默风趣的语言中透出来的人文观点：一是教师职业应该是质疑的、想象的、创新的；二是教育的最高境界是美育，教育的最高境界是美学，所以要塑造美丽校园、美丽学校、美丽教师、美丽学生、美丽课堂；三是为国家培养合格公民，让学生学会生存、学会关心、学会学习；四是家校共建促进社会文明进步的步伐；五是以教师人文情怀照亮学生发展的路途。这些都是赵教授传递给我们的教育理念和教学情怀。赵教授还说："遇到人生中的贵人时，要记得好好感谢！"各位教授专家就是我们此次培训遇到的"贵人"，我们小组的杨淑英、蒋永鸿、景耀勇、刘玲芳、蒲涵云等老师何尝不是我生命中的贵人呢？我要感谢有幸遇见他们！我们也都在思考如何当孩子们生命中的贵人，做孩子道德与学习的引路人，既思之此处则必躬身自省而践行之！

二、STEM教育

年轻儒雅、理念超前、才思敏捷的王理教授的STEM教育理念和教学方式讲堂冲击着我们传统的教学思维方式，我思考它是一种融合性、跨学科的，以培养具有创新思维、动手实践能力、知识应用能力、沟通合作能力等具有国际视野的适合未来社会的综合型人才。它注重培养学生理工素养，注重知识与能力并存，为学生走向社会做充分的准备。那么我自然而然又想到了教师的二次成长需要涉足多学科多领域，先储备学科知识，再提升综合素养。这让我想起偶然间在朋友圈里看到2015年江苏省教育厅提出的"全科教师"培养。百度词条解释：全科教师是指师德高尚、知识面广、能文能武、能画能唱、全智多能的百科全书式好教师。需要既能胜任小学语、数、英课程的教学任务，也要熟练掌握音乐、舞蹈、美术、书法中的任意两门技术技能。但需要区别的是，全科教师并不是说一位老师要教语、数、英、音、美等各学科，而是把这些科目融合在一起教，实现小学课程的科学整合。这也会引发学校和教师培训机构思考支撑学生综合、全面、个性发展的教师队伍建设问题。对学生来说，什么东西是最有价值、最值得学的呢？这需要一线教师反复思考，进入"智慧教育"新时代。

我思故我得。

——致自己

写于2017年10月28日绍兴稽山宾馆

看高考制度改革与小学语文课堂

——绍兴班学习体会（四）

2014年9月，《国务院关于深化考试招生制度改革的实施意见》的出台，高考"指挥棒"的改革在各地都动起来，江浙地区率先实施：浙江省是3+7选3，上海市是3+6选3。他们也在实践中总结出了经验，今天培训班请来的上海徐主任给我们就上海高考改革与高中教育改革进行了详细介绍。听起来虽枯燥但意义深远，因为高考改革势必引发中小学下游学段的教育改革和转型。

我们中小学在课程设置、教学管理、评价改革等方面对此要"回应"，要"改革"，拿小学来说，要重视除语、数、外之外的小学科教学以及综合实践活动课程，从小培养学生兴趣走向和促进个体自主发展，那么到初中再进行选课走班等教学指导。做好中小学衔接和初高中衔接，为学生备战高考打下坚实基础。

思及此处，我的思绪又回到了今天早上在鲁迅小学观摩的两节小学语文课：《我要的是葫芦》。

第一节课由该校教师祁玲娟执教，她讲课细致生动有内涵，这是一节高效的课，是一节美的艺术的课堂，是一节极具特色和创新的语文味十足的精品课。

第二节课由兰州同人王伟福主任讲授。他的板书漂亮潇洒，他的课质朴大气，由兰州刻葫芦巧妙引入，巧妙将识字、读词、读文有机融合在一起，创建了高效课堂，也让我对王伟福老师有了更深入的认识和了解。

课后洪海鹰、王艳军、王春兰及鲁迅小学四位校长的点评虽各具特点、但都从语文教学理念方面对教学目标达成度、课堂设计巧妙点、教学环节连贯性、教师教态得体度、学生课堂表现力等方面进行了全面系统的解析，使教师们有了更多的分享与交流。

返回的路上，我们踱步在青石板、黑顶白墙、沿街商铺组成的绍兴老街上，品尝绍兴老黄酒，买几袋茴香豆，带几瓶绍兴豆腐乳，再来点梅菜笋菜豆腐干，糟鸡麻鸭茂香糕，这一天算是完美了。

期待明天的到来！

相逢是首歌，成长你和我

——绍兴班学习体会（五）

你曾对我说，相逢是首歌。

眼睛是春天的海，青春是绿色的河。

相逢是首歌，同行是你和我。

心儿是年轻的太阳，真诚也活泼……

在高研班第一小组也就是我们小组深情的歌声中，在谷桃老师的主持下，最后一场讲座精彩开讲了。似乎是早上虞大明教授对教师们的"修炼"起了作用，下午大家的精神格外地好，连刘松校长也被我们浓烈的学习情绪感染。美丽的莲花图和极富哲理的十句话在讲述着人生如莲，花何以开，潜到人生的水面下去，从关心根和本着手。"君子务本，沉潜内修"是刘校长传递给我们的思想。坚守教育本心，变革教学方式，从低阶思维走向高阶思维是我们不变的追求。

我听得格外认真，因为我承担了课后分享交流的任务。当主持人把话筒递到我手里时，我信心满满，因为我已想好从"一三五数字式"方式汇报。"一"是指一个核心：专家卓越讲堂驱动名师成长；"三"是指三个关键词：点燃、内化，成长；"五"是五句话：相逢是首歌，成长你和我；名师指路，不如自己开路；厘清核心素养，关注学生发展；别人成功了，就是你成功了；学习永远在路上。然而插曲总是来得那么突然，幽默的刘校长把我说的"活色生香"听成了"国色天香"，他冷不丁插一句："国色天香是形容女人的，怎么能形容课堂呢？"讲话突然被打断，我愣了一下，但马上随机应变道："老师，我不敢说我是小学语文老师了，我也不敢张口说话了，但是刘校长课堂教学那些事……"我的思绪虽被打乱，但也很好地给了我锻炼的机会，我稳定情绪调整状态将讲话进行到底，哈哈，原来参与竟是如此有趣和美好，下次一定抢着发言呢！

下来后，小组内同伴向我竖起了大拇指，稍稍安慰了我忐忑的内心，但我知道，自己的讲话欠灵活欠大胆欠高度，学习成长路才刚刚开始……

构建教师专业化发展共同体

—— 一个解决问题的方案

2017年10月，我带着问题踏上了兰州开往绍兴的K1040次火车。长久以来，学校教师专业化发展问题困扰着我，在一定程度上也影响制约着一所学校的发展态势，此次参加培训，我把这一问题提出来，希望在学习过程中带着问题思考，当然希望带着问题的答案返程。

七天的学习和思考，让我找到了解决此问题的答案，那就是构建一个教师专业化发展的团队，共同学习、共同研究、互相交流、共同成长。

一、构建教师专业化发展共同体必要性

教师是学校工作的主体，是学生成长的主导，只有以教师为本，才能发挥他们的聪明才智，最终实现"以生为本"的办学目标。教师的成长和发展影响着学校的内涵发展，也决定着新课程改革的成败。建设一支具有良好的政治、业务素质，结构合理、充满活力的教师队伍，是学校教育工作的永恒主题。在教育改革的今天，合作与发展已成为教师专业发展的关键词。教师要提高知识和能力素养，努力使自己成为专业化的教师，成长的途径就不再是单一的靠自己的单打独斗，而是需要合作。不同教师之间在知识结构、能力水平、思维方式、认知风格等方面均存在差异。教师的差异就是教学资源，就是合作学习的动力和源泉。在分享、合作中，教师之间取长补短，互

相帮助，产生"共生效应"，从而实现了情感交融、心与心的对话、思想与思想的碰撞，教师的专业素质必将获得同步提高。

二、构建教师专业化发展共同体策略

1. 促进教师专业发展的专题课例研讨策略

根据调查分析结果，我们为不同层次教师专业自我发展的学习共同体设计分析维度及体系。然后，组织教师们在新课程理论指导下，开展专题系列教研，以课例研讨为载体，共同研究解决自己在新课程改革实践中遇到的实际问题。最后，通过量化处理和信度分析，将初步研究成果（如实施课程改革、提高学生素质、减轻过重课业负担的策略）落实到课堂上，从而提升教师队伍的教育教学理念与实践操作能力，并在实践中不断完善成果。

2. 促进教师专业发展的个案研究策略

教师专业发展是多元的、复杂的、动态的，我们组织教师们在新课程理论指导下，以个案研究为载体，共同研究解决自己在新课程改革实践中遇到的实际问题，如绩效期望、努力期望与社会影响等。通过对典型个案进行跟踪、研究，收集丰富的资料，并对资料进行整理、分析，从而提出一些促进教师专业发展的策略，并在实践中不断完善这些策略。

3. 促进教师专业发展网络学习共同体的策略

网络学习共同体的有效建立和应用能够促进教师的专业发展。本研究选用某教育网的"学区管理平台"为观察对象，用科学的观察法，有目的、有计划、有重点地观察教师专业发展和网络学习共同体之间的关系，以及网络学习共同体的成员、工具、主题、资源、活动等必备要素，做好记录，并从中提炼出系统性的创建优秀网络学习共同体的实践策略。

4. 教师专业发展的校本培训学习共同体策略

在探索以构建行动学习共同体促进教师专业自我发展的校本培训模式的过程中，我们一方面加强班主任组、学科教研组、年级组及备课组的建设，发挥团队合作精神，促进学习共同体形成；另一方面以解决共同问题为目的，组建教师学习共同体。同时，要研究教师学习共同体具体有效的运作机制，如何使学习共同体在促进教师"行动—反思—交流—提升—再行动"的专业发展中不断完善。健全和完善校本研究的激励机制和保障机制，以科研带培训、以培训促科研，全面提高全体教师专业素质，使其能用教育科研的方式主动地获取新知识、应用新知识、解决新问题。

找到了教师专业化成长的这一问题答案，我不虚此行。

写于2017年11月

第四篇　我的学习心得

小学教师的幸福之道

亲爱的老师们：

大家下午好！

今天，我将2017年10月25日至10月31日参加绍兴"金城名师高研班"的所见所闻与所思与大家一起学习，一起分享。主题是"小学教师的幸福之道"。

兰州市教育局党组书记、局长南战军及参训的65名金城名师、57名市属学校骨干教师走进了鲁迅故里——丹桂飘香的浙江绍兴，感受越地文化的魅力，潜心学习先进的教育经验，共同感受教育成果，共同探讨教育艺术。兰州市教育局、兰州市成职教中心、人教社精心设计了培训课程，来自江浙的学科专家、名师亲临授课。

南局长对这次研修活动给予了关注，寄予了厚望，希望我们怀着执着的教育情怀，怀着"三名人才"的责任感，着眼于课堂，也提出了好课堂的标准：发于心、正于理、变于术、始于行、成于恒。我也有幸作为培训学员参与其中，七天时间我们静静地享受着名士之乡为我们奉上的文化盛宴。

一、同行者携手共进

此次活动中，我在组内进行了道德与法治学科的专题讲座，为教师们带来了最新的道德与法治学科的教学理念和具体要求，希望各位思政教师能做到"六要"——政治要强、情怀要深、思维要新、视野要广、自律要严、人格要正。我的讲话使与会教师们进一步明确教师应该有的境界坚守；教师应该有厚重根基。师大附中的蒋永鸿虽是高中数学老师，但诗文随笔信手拈来，诗情神思令人叹服；特提供西北师大附中蒋永鸿老师的小诗一首和大家分享：

讲台上，激情澎湃。
笑脸是绽放的花瓣，
高高举起老师的情怀。
幸福，像阳光般灿烂。

教室里，春意盎然。
身影是拔节的竹竿，
亭亭玉立祖国的未来。
快乐，像天使般可爱。

一双双求知的眼睛，
如片片起航的风帆；
一张张红润的脸蛋，
如朵朵盛开的牡丹。

一份静静的等待，
一份殷殷的期盼，
令人心潮涌动，
令人灵魂震撼。

你是一把钥匙，
把他们紧锁的心结打开；
你是一根火柴，
把他们律动的灵感点燃。

你是一片云彩，

把小鸟的向往送上霄汉；

你是一缕春风，

让生命的春天阳光灿烂！

二、研修学员勤学深思

教学常规是学校教学工作的核心，是学校的立足之本，更是教师的本职工作。我们小组研修学员对本次培训进行了热烈讨论。其主要从各学科作业布置合理性、作业量是否符合学生年龄特点，作业内容、作业批改以及作业的书写情况等方面进行全面讨论。从讨论的情况来看，教师们平时布置的课堂作业题量及难易适中，在学生练习之前能够精心选择，注重有效性。大部分学生作业格式规范、字迹工整、质量较高。多数教师批改作业认真，坚持做到有发必收、有收必批、有批必评、有错必纠。有一些教师在作业批改过程适时采用激励性语言或标志来评价学生，评价反馈以严格要求促规范，以规范促提升，更好地夯实教学细节。大家也一致表示要通过努力学习来促进自己的专业化发展，使自己的教学工作再上一个新台阶！

122名学员一下火车，放下行囊就直奔开班仪式会场。七天来，大家在倾听，在思考，在交流，在分享，在收获，在展示，在提升……每一天都是充实的，每一天都是幸福的，每一天都是感动的。七天来，没有一位迟到，没有一个失约，没有一个叹息，这就是名师，这就是名师风采！

教师们，我也希望大家少埋怨环境，多调整自己，多一些建议，少一些议论。改变现在才能有更好的未来！

谢谢大家！

写于2017年11月17日

互通有无谋发展　最美人间四月天

4月16日至4月21日，西固区政府副区长张笑春亲自带队，区教育局党组书记、局长褚占辉，陇原名师朱雪松，西固区金城名校长、金城名师等一行8人组成专家团队赴南京市秦淮区和上海市青浦区、常州市武进区进行为期6天的考察学习。考察团实地参观学习了秦淮区武定新村小学、复旦大学附属中学青浦分校等7所学校在教育改革和创新发展方面的先进经验。此行收获不少，启发很大。现将考察情况报告如下。

一、简要说明

本次考察为了落实中共中央、国务院《关于全面深化新时代教师队伍建设改革的意见》总体要求，创新和规范中小学教师编制配备，优化义务教育教师资源配置，实行义务教育教师"区管校聘"，深入推进县域内义务教育学校教师、校长交流轮岗，实行教师聘期制、校长任期制管理，创造性地开展各项工作。

二、考察实录

我们先后到秦淮区武定新村小学、石鼓路小学、南京市第五初级中学、青浦区佳佳幼儿园、实验小学、实验初中、复旦大学附属中学青浦分校7所学校参观考察。先是由各位校长带领参观了该校的有关教学楼、实验楼、各功能室、学生餐厅、学生公寓及整个校园环境，然后听了各位校长对学校情况的简要介绍，我们也与其进行了广泛的交谈，提了许多问题，且得到了满意的解答。

这7所学校的校园文化特色鲜明，或传统，或鲜活，或深厚，或新锐，这7所学校的课堂教学也各具特色，让我们体会到江沪浙一带教学改革的多元和深入。各校办学理念、学校文化、课程建设及教师交流、教师专业化成长、"三名人才"工作室建设等方面的先进经验和有效做法让考察团成员收获不少。我印象最深、触动最大的应该是座谈会。

我们在秦淮区、青浦区、武进区三区召开座谈会，重点洽谈对接了"区管校用""名师工作站建立""教育教学督导"等工作。西固区政府副区长张笑春、秦淮区政府副区长戴新、青浦区政府副区长王凌宇、青浦区政府副区长马彩云等出席了座谈会。

首先，在南京市秦淮区座谈会上，秦淮区政府督导室主任于琳代表秦淮区政府及教育局进行了接待。会上秦淮区教育局副局长俞泰鸿以及于琳主任就教师队伍"区管校聘"、义务教育阶段教学管理、教育教学督导等方面工作与考察组成员进行了广泛深入的交流。

其次，在上海市青浦区洽谈会上，西固区教育局党组书记、局长褚占辉与青浦区教育局党委副书记、局长程卫国进行了工作介绍，这两个地区各有所长，同样精彩的教育改革举措赢得了参会领导的肯定和高度评价。

最后，考察组专程奔赴常州市武进区教育局，认真听取了武进区"区管校聘"实施过程中关于机构设置、人员流动、推进措施、有效机制、工资待遇、编制管理及岗位设置等方面的经验介绍，为我区"区管校聘"国家级实验项目的高效开展提供了有益范例。

西固区政府副区长张笑春心系西固师生，搭建平台，全程跟进，及时指导，站位高，把脉准，同时提出殷切期望和安排后续工作。希望双方将积极开展各项工作，进行全方位的合作。

西固区教育局党组书记、局长褚占辉即兴赋诗一首，在高水平展示西固大教育风采的同时不忘表达希望与秦淮区、青浦区、武进区在教育方面共谋共建共享、交流合作互助的美好意愿。

三、达成意向与下一步工作

西固区与秦淮区、青浦区、武进区达成了教育共谋共建共享、交流合作互助的意向。一是建立起区域之间长期稳定的学习机制，为校际间、教师间、学生间搭建东西部教育互动平台。二是与秦淮区、青浦区名校长名师工作室建立"手拉手、结对子"合作机制，并邀请知名专家名师到我区建立工作站，带动我区"三名人才"队伍高层次的发展。三是建立与青浦区优质学校"跟岗培训"机制，校长、副校长赴青浦区进行为期一到两个月的跟岗培训。四是与常州区教育局"区管校聘"具体工作负责人建立长期咨询交流机制，为我区作为教育部第二批"区管校聘"示范区实验项目的高效开展提供范例与经验。

下一步双方将积极开展各项工作，进行全方位的合作。西固区将尽快出台并落实西固区教育改革系列举措。一是推进落实《关于西固区进一步深化教育领域综合改革的意见》（区委新十条）各项内容，重点包括从持续优化学校布局、高位谋划西固教育、强化办园规划管理、不断完善激励机制、提高乡村教师待遇、强化学校服务保障、加强教师队伍管理、立足人才引进培养、狠抓师德师风建设、创新教学科研方式十个方面的改革；二是将学校课程建设、课堂教学、师生评价与年终绩效考核挂钩，驱动学校三方面工作较好地开展；三是改进教师培训管理，"请进来学，走出去讲，长出来带"，促进教师专业化发展；四是开展"区管校聘"工作，出台方案，签订协议等，促进西固区此项工作顺利实施。

此次考察活动，西固区将打破壁垒、创新机制、加强沟通交流、协同各校发展，立足国际视野打造西固教育，进而培育特色化、专业化、个性化、优质均衡化的西固教育办学新生态。

四、思考与感悟

我们在考察过程中认真学习，主动思考，深入交流，每个人都有不同的思考和感悟，但每个人都体验到了收获的喜悦。

1. 学校管理者个个"精干"

考察对象学校的领导班子是一个团结向上、勇于开拓、敢于创新的领导集体。管理者的素质和水平在他们身上都能一一得到体现。复旦大学附属中学青浦分校校长张之银是一名"双特校长"，集精湛的专业素养与睿智的管理才能于一身，是校长队伍中的精英人才。青浦区佳佳幼儿园充满野趣和挑战的户外运动场地、妙趣横生的沙水天地、充满生机的种植园地、绿意盎然的自然写生场地……每一处环境的背后，都体现了园长徐秀清园所课程理念的落地生根和教育情怀。青浦区实验小学校长从办学理念和发展目标出发，完善校本课程体系、优化课程结构，夯实基础型课程，落实拓展型课程，实践探究型课程，提高三类课程实施的整体效益，促进学生全面而有个性的发展。"多元的个性发展课程、丰富的社会实践活动、鲜明的仪式教育活动和快乐嘉年华'6+1'展评活动"四大"快乐活动日"课程模块，已成为该校本化课程实施的亮点。他们还开设了40门学生走班制课程，"纸艺""线描""舞蹈"凸显了学校艺术类特色课程，"曲棍球""足球"课程彰显体育文化，"头脑奥林匹克""木工""航模"等课程引导学生不断探索实践。

走近这些名校长，我们不难看出，他们个个在理论上有着深厚的积淀，在实践中又敢为人先，具体行动中闪烁着自己独到的智慧。他们共同的个性特征是肯干，善学，敢为，永不满足。从他们身上，我们更加理解了苏霍姆林斯基说的"校长领导学校，首先是教育思想的领导，其次才是行政上的领导"。

这是一个精明的领导集体，是一个能干的领导集体。他们对教育高屋建瓴的见解以及丰富的专业知识，使我在开阔视野的同时，一直被一种危机感和内疚感涤荡着……我虽然每天忙得不可开交，对工作投入了大量的精力，可是和他们相比，感觉自己丢失了校长的本真，每天被事务性的检查和琐碎的工作所缠绕，做了许多无用功。通过各位校长的学校办学情况介绍，我更加感受到了校长在当今教育改革的热潮中所承担的使命。我更加坚定了一个信念，那就是要学会用自己的思想去办学，要办出真正的面向全体学生，面向学生整体素质的教育。

2. 教师队伍管理需要艺术

学校教育教学的管理中，教师管理占着举足轻重的地位，进一步地讲，就是要抓好教师队伍的建设和管理。在考察过程中，通过交谈了解，我深感常州市武进区教育局在"区管校聘"改革创新工作中取得的巨大成绩，是令人瞩目的。

6天的学习考察，令我感受颇丰，感觉从未有过的充实，同时，我也不断地反思自己，重新调整自己的工作模式，像张之银校长一样重新思考一个问题，即校长应该做什么？校长如何不被事务性的工作所缠身？怎样做才能成为一个真正的好校长？首先，我要抽出大量的时间读书，充实自己；其次，要沉入课堂，率领一线教师进行课堂教学改革，创出一条适合小学的高效课堂的新路子，同时打造出一批西固区的名师团体；最后，勤于笔耕，用研究的眼光进行日常管理，和班子成员及时梳理、提炼、总结学校先进的教育教学管理经验。

写于2018年4月23日

做更好的自己

根据西固区教育局《关于选派校长副校长及主任赴上海青浦区挂职培训的通知》文件要求，2018年10月12日—11月18日，我在青浦区毓秀学校接受挂职培训。下面杂陈一些我的培训体会。

一、初识毓秀，有效沟通

10月的上海青浦，不冷不热，空气中弥漫着淡淡的桂花香，树叶或绿或红，也夹杂着些许黄，将此灵秀之地染成了五彩之境。

还未到毓秀学校时，我就很喜欢她的校名，清雅脱俗。走进毓秀学校，给人的第一感觉是静，四周静悄悄的，远远地听得几声鸟鸣，瞬间觉得好喜欢；耳畔传来隐隐的读书声，放眼看去，灰色的四栋三层的教学楼守候着校园，在静谧中透着沉稳与庄重，仿佛在诉说着这是一个育人的圣地。教学楼间或点缀一点橘黄，在活泼中显现阳光与快乐，似乎又在暗示这是一个成才的摇篮。

学校潘菊萍书记带我来到校长室，我看到周秀芳校长，心中一惊，嗬，好漂亮！得体的服装，优雅的举止，令人叹服的口才，勾画出了一位睿智干练、知性优雅的事业女强人。一所好学校必有一位好校长，我很幸运，能跟着毓秀学校校长书记等学习管理理念与育人思想。"做更好的自己"是该学校的育人理念，来到毓秀，我也是学校的一员，我也要践行此理念，做更好的自己！在挂职期间，我服从学校安排，遵规守纪，积极参与学校各项活动，虚心听从学校领导指导，按要求完成各项作业，有效沟通，与大家建立了和谐友好的关系。

二、深入课堂，研讨交流

挂职期间，因毓秀学校一名五年级教师请假，我勇挑重担，顶岗救急，每天进班执教语文课，用心用情教课，细致认真批作业，较好地体现了兰州教师的专业素养，得到了毓秀学校行政管理人员、教师、学生的好评。

10月25日，我参加了毓秀学校语文基地研讨活动。活动分三部分：首先是毓秀学校校长周秀芳面向全区上八年级语文示范课《我一生中的重要抉择》；接下来是基地各校成员谈观课后的感想与收获；最后由教师进修学院的王继红教师作《统编初中语文教材的编写理念与创新设计》讲座。最让我震撼的是周校长的课堂教学，引发了我深深的思考，那就是好的教育该如何守正务本，回归本真？好校长该具备怎样的专业素养与人格魅力？好的课堂又该如何关注学生的核心素养？以下是我的思考。

1. 好教育该守正务本

青浦教育在40年的实践中总结出了一条经验：养正务本，立德树人。在教育教学改革的路上，青浦区有自己的理解和表达，可以说是"看得准，做得实"。我梳理了一下，毓秀学校在践行青浦经验中有四个聚焦：一是聚焦守正务本、因材施教的教育理念；二是聚焦面向关键能力的深度学习；三是聚焦教师发展的校本研训；四是聚焦师生发展的顶层设计。

2. 好校长应德艺双馨

青浦教育在校长队伍素质的提升上下了很大的功夫，我在青浦实验中学"双特"校长刘明、毓秀学校校长周秀芳、佳佳幼儿园园长徐秀清等校、园长身上看到了值得我学习的熠熠光彩，那就是：一是具备扎实的专业素养；二是积淀深厚的人文底蕴；三是承载厚德载物的教育情怀；四是拥有敢为争先，勇于践行的优良作风；五是怀揣责任与担当的家国情怀。

3. 好课堂当德才兼备

德是一个人能力素养的尺度，从古至今说一个人是才子时那一定也在说他的德吧！厚德载物在古代是那么备受推崇，现今也是如此，德兼具才是人才的标准，两者是同步的，缺一不可。有德无才的人乃庸人，有才无德的人乃庸才。这一点我是非常赞同的。在周校长的课堂上，我关注了学生核心素养培养之文化基础、自主发展和社会参与在语文课的渗透与落实。例如，周校长课堂一个小片段就彰显了德才兼备，以德为重的育人思想：

师：在这个名人辈出的时代，在这个明星众多的时代，你膜拜的是谁？

生1：物理老师。

师：为什么？

生1：讲课讲得精彩，物理知识渊博。

生2：父母。

师：父母是我们最应该永远感谢的人。

生3：历史上一切为人类做过贡献的人。

师：好！全班都应该为你喝彩！

课堂上八年级学生善学、勤学、敏学、乐学，正如学校教学楼主题词一样，既涵养了学识，又润泽了品行，语文课真正在传授着学习的策略和做人的道理，听来使人神清气爽。

三、聆听报告，助推成长

上海市毓秀学校整合青浦教育的优质资源，结合兰州市临洮街学校的实际需要，依据培训目标，围绕学校发展、育人文化、课程教学、教师培养、学校管理、特色创建六个版块为我量身打造并安排了培训内容。

这期间，我听了上海市教育科学研究院顾泠沅教授的《课堂视野中的教师及其指导者》，五爱高级中学张人利的《进入学科深处的学校课程变革》，席璐校长的《亲师合作，家校共育》，青浦区教师进修学院王海青的《养正务本：青浦实验再出发》，进修学院朱连云的《导向深度学习的教学改革：新课堂》以及台湾专家蔡清田的《核心素养的课程设计》，这些讲座激发了我的自省意识，更新了我的理念，强化了我的教育使命任务和价值取向。

我通过专题讲座、参与活动、现场观摩等形式直观了解了毓秀学校的育人环境、育人氛围及育人理念，树立文化育人、德育为先的理念；通过深入课堂授课、随堂听课、外出培训等形式，了解了毓秀学校的课程编制、课程开发与实施、课程评价的相关知识和教材、教辅使用的政策，以及掌握课堂教学以及教育信息技术应用的一般原理与方法，进一步明确了学生不同发展阶段的培养目标和课程标准，提升了领导力意识与能力。

四、参与活动，实践体验

16日下午，在行政楼多功能厅观摩了毓秀学校少先队第十二次代表大会。会议首先举行少工委揭牌仪式，然后由儿童团员代表发言，二年级俞悦（音）小朋友脱稿发言，其表达清楚，思路清晰，娇憨可爱。原少先队大队长吕雯蔚就2017年少先队工作做了总结汇报，将少先队学习部、劳卫部、文体部、组织部、宣传部各项工作进行了细致的梳理，文稿缜密，主线清晰，较好地展示了大队长的风采，也彰显了毓秀学生九年学习的效果。接着由周秀芳校长解答提案，提案是学生对学校各个方面提出的合理化建议，内容涉及学校文化、社团活动、食堂卫生、阅读建议、心理健康、捐助帮困等。周校长于百忙中审阅了学生提案，认真梳理问题，充分尊重学生，耐心细致地对提案进行了讲解与回答，博得了与会师生及家长的喝彩。最后是新一届少先队职能干部佩戴标志、宣誓及新任大队长宣读2018学年少先队队委工作决议及审议。

我全程参与此活动，留给我印象最深刻的就是几个孩子的表现。主持人表情自然，声音甜美，主持语衔接自然；儿童团员代表脱稿发言，自信张扬；新老大队长沉稳干练……一个个孩子都是那么自信，那么阳光，那么认真，又那么守礼，展示了毓秀学子良好的精神面貌。

10月18日，毓秀学校举行了为期2天的学生运动会，这是全校师生的体育盛会：在开幕式上，国旗队英姿飒爽，步伐铿锵；彩旗队和鲜花队呼声阵阵，排练有序；各班方阵入场时，各有特色，斗志昂扬；周校长致辞慷慨激昂，催人进取；赛场上，运动健儿们身姿矫健，顽强拼搏；赛场外，伙伴们摇旗呐喊，激情昂扬……无论是严格公正的裁判，还是任劳任怨的志愿者，每一个岗位上的工作人员都秉承着勤恳、敬业的态度，演绎着"服务是最美丽的动作"的口号。这是一场体育盛会，是运动员力量的比拼，更是毓秀人精神面貌的体现，那就是：文明、团结、精彩、向上。

教师育人本该如此，把目光投向可爱的孩子们，一切为了他们。尽管我们苦着累着，当看到他们的成长，我们也是无憾的。

　　总之，在一个月的挂职跟岗培训中，我不仅领悟了学校管理的理念与方法、过程与行为，还深入实际体验了课程设置、教育教学评价、教材教辅使用以及教师专业发展等方面的内容，学习是综合性的、全面性的，有效跟进上海优质学校的各个方面，我确实学到了许多，也真切感受了很多，这些将成为我回兰州后应用于实践工作的有利法宝。相信，前方虽远，但行走已在路上。

做有情怀的教育人

——哈尔滨学习体会

八月，伴随着北上火车的轰隆声，在西固区教育局的精心筹备下，一场教育变革的盛会在哈尔滨拉开了序幕。100多名怀揣梦想的教育人在期待、在渴望，伴随着同行者砥砺前进的铿锵步伐，试图在冰城寻找一条通往远方的康庄大道。

我的学习体会如下：

体会一：回忆六天学习之旅。第一天上午，黑龙江省教育学院教研中心金春兰老师的《基于核心素养的学校课程建设》讲座从课程建设特性、课程开发、课程建构、课程规划四个方面给我们带来了精神盛宴，给我印象最深的是钱学森学校科技课程建设案例的分享交流，使我受益匪浅。下午，张信章教授带来的《高考改革，校长守卫》讲座更是接地气；吕院长从高考改革核心入手引领我们思考校长的修为，让我们习得管理之法，兴趣盎然。

体会二：12日上午，哈尔滨市教育研究院郭德风教授的"作为校长，老师们为什么跟您混"一语道出校长管理中存在的弊端，引发了我们的深度思考："管"与"理"，教师管理的心理基础，教师管理的前提，教师活力的激发……这些都让我们以参与学习者的身份进行了一场头脑风暴。下午，我们见到了继红小学的宋春生教授，他带来了学校文化建设的经验与反思，让我们了解了学校文化建设的基本情况、主要做法和特征。

体会三：引经据典、谈古论今、侃侃而谈、挥洒自如。这是13日王殿春教授的课堂风采。他的讲座点明了四个意义：一是需要层次理论与教师激励的意义；二是"双因素"理论在教师激励中的意义；三是期望理论对教师激励的作用；四是分配公平理论在教师激励中的意义。这些都是王教授传递给我们的教育理念和教学情怀。

体会四：博学儒雅、理念超前、才思敏捷的刘佳瑞教授做了《学校文化培育时间的体验与思考》的讲座。其教育理念和启示冲击着我们传统的学校文化管理方式，我开始思考一所学校朝什么方向发展、能发展成什么样、怎样发展这些问题。此外，"礼文化""耕读文化"也给我留下了深刻的印记。

追梦教育　成就未来

——哈尔滨研修有感

教育局与中国教科院于2014年10月25日至11月4日举办了第十届全国校长发展学校培训班，作为一名基础教育工作者，有幸参加此次培训学习。我认真聆听了曾天山、王定华、李金初、吴建民及其何泳忠局长等多位专家的报告，被他们的教育思想、教育梦想以及对教育的感悟和执着深深撼动，不胜感慨，尤其是参观了北京实验二小、清华大学附属小学、广渠门中学等名校后，各学校先进的办学理念、明确的办学方向、深厚的文化底蕴、鲜明的办学特色、踏实的工作作风给我们留下了深刻印象。盘点笔记，梳理思绪，感受颇深，正所谓："上京闻道须敬听，十日求索探师魂。圣贤英才洒甘露，觅得真经去育人。"

著名教育家陶行知先生认为，要想评论一个学校，先要评论他们的校长。一个有着强势品牌形象的校长，一定能为学校赢得崇高的社会地位和社会声誉。作为校长，我觉得应该从以下方面追求。

一、成为品牌学校的追梦者

教育需要梦想。细数我们周围那些名校一路走过的足迹，从湖北黄冈到上海建平，从江苏洋思到山东杜郎口，无一不是在孜孜不倦地解读教育梦想，无一不是在永无止境地追寻梦想。所以，作为教育人，应该记住宋代哲学家张载讲过的一句话："志大则才大，事业大……志久则气久，德性久。"

作为校长，应该有海纳百川的胸怀、敬才用贤的气度、明睿管理的艺术、洞察时事的方略、冷静自省的心志、秉公处事的威信、通情达理的真诚、无私奉献的精神；能够清晰认识到自己的价值与使命，像爱护自己的眼睛一样珍惜学校声誉；有"天下之事，不进则退"的危机意识，有"我们不一定能教育好每一个学生，但我们一定能做到竭尽全力去帮助每一个学生"的坚定信念，进不求名，退不避祸。

二、做好先进思想的引导者

校长的思想引领是学校管理的风向标。校长的思想应来自于以德树人的责任与使命、根植于对学校文化的分析提升，把握教育发展的脉搏与动向。我们始终把"双主体育人"的思想放在学校工作的首位，学生是学习活动的主体，教师是教育工作的主体，两个主体在不同的层面通过自育、互育、协调互动，达到共同成长，这是生命影响生命的教育。人生三件事是做人、做事、生活，教育就是围绕三件事：学会做人、学会做事、幸福生活。我从李金初校长的报告中深刻感悟到这一点。教育就是生活，生活即教育，没有教师的幸福，就没有学生的快乐，因此，倡导过一种幸福完整的教育生活，就是把教师的发展作为首位，让教师享受教育的幸福，享受成长的幸福，享受自己发展的快乐，让教育信仰引领教师实现自己教育生活的幸福。作为校长，今生也许成不了教育家，但一刻也不能放弃这一追求，必须竭尽所能，心存高远地谋划学校发展，帮助教师成长，促进学生成才，打造和谐奋进的团队，使学校文化理念得到传承和发展。

三、当好教师专业发展的促进者

作为校长要推进精致管理，探索精致教育，分层次、有梯度地培养、引领教师走一条名师之路；建设和塑造"专家引领型"的"治校团队"、"名师带动型"的"教师队伍"，促进教师专业化发展。

1. 组织学习

提高教师从事科研活动的积极性，提高教师的教育科研能力，通过"请进来，走出去"的方式，组织教师参加培训及教育理论的系统学习。学校组织教科研骨干赴外地参观学习，拓宽教师的视野，有效地调动教师教科研的积极性、主动性和创造性。

2.开展教科研讲座

学校就如何确定教科研课题的内容，如何撰写课题研究方案、计划，教师如何写作教育教学案例等教科研方面的有关问题定期邀请省市及高校专家做系列专题讲座，从而促进广大教师在教育教学实践中，结合教育理论，不断深化自身对教育本质内涵的认识。

3.立足教研组活动，大力开展校本教研

除"同研一节课"之外，各教研组在每周的教研活动中要围绕课题，结合学校和学生实际，结合课堂实践，对实践中的疑问、困惑进行归纳、筛选，确定一个讨论专题，组织交流讨论，使教师沿着计划—行动—观察—反思这一互联互动的螺旋式的渐进过程，求得问题的解决，真正"开展自己的教学研究""解决自己的教学问题""发表自己的研究成果""改善自己的教学实践"，不断积累经验，提高教育教学研究能力。

4.开展"学术沙龙"活动

校长组织和开展"骨干教师沙龙""青年教师沙龙""学科教研组沙龙""新课程论坛"等多种形式的沙龙活动，确定教学中的"热点、难点、焦点"问题作为话题进行研讨，让教师针对教育观念、教学行为、教学策略等方面的问题各抒己见、畅所欲言。这种学术思想的交流、思维火花的碰撞能促进教师间的了解与沟通，互相启迪和共同提高，也有利于形成一批教科研骨干力量。

我梦想有这样一批教师，他们心中有爱，独具慧眼，能看到每个学生都是一朵含苞欲放的花朵，能发现每个孩子身上的潜能，并用正确的方法鼓励孩子不断地自主探索；他们崇尚"亲其师，信其道"的真谛，行事民主，愿与学生平等交流，共同成长；他们熟练掌握现代教育技术和充分运用现有教育资源，对当代最新的信息、知识有强烈的敏感性和独到的见解，能有效地为学生"扬长"创造条件；他们能在很大程度上挣脱课程和教材的束缚，不断反思自己的授课方式，让自己的教学始终受到学生的喜欢。

四、唱好以学生为中心的主旋律

我们要进一步落实学校的各项规章制度，培养学生学有方法、行有规

矩、生活有规律；进一步建立和完善学生管理制度、学生组织规范、学生行为规范和各类规章制度，充分发挥制度文化在育人和高雅行为养成中的作用。学校努力从道德品质与公民素养、学习态度与能力、交流与合作、创新与实践、运动与健康、审美与表现等方面给予综合评价，使学生行为规范合格率达到100%；培养刻苦学习、积极上进、不断进取的良好作风，形成勤奋学习、追求优异、互相帮助、不甘落后的优良学风。

我梦想有这样一群学生，他们富有理想、品行端正、热爱生活、朝气蓬勃；他们积极进取，富有独特见解和思想，不盲从所谓的权威，对疑问敢于提出自己的见解；他们善于与人合作，善于与人相处，有帮助他人的强烈愿望，有和谐的人际关系；他们有扎实的基础知识，认真学习，勤于思考，有丰富的想象力，掌握科学的学习方法，能用最少的时间获得最好的学习效果。

五、当好教科研的领头雁

校长只有具有较强的科研意识和能力，并亲自参与管理课题研究，才能带领全体教师结合本职工作开展教育科研活动，营造全校性的教育科研的氛围，以推动学校教育教学改革的逐步深入。学校校长是学校教育科研工作的组织者和核心力量。

深化学校文化提升学校品牌。何泳忠局长的讲座让我们明确了在城镇化进程中兰州教育的发展前景，特别是学校文化建设赋予学校发展的新内涵，使兰州学校的愿景"一校一品牌，校校有特色"成为可能。

总之，一个品牌校长引领一个学校品牌。打造品牌学校，需要校长在成就自身品牌的同时，着眼于高度、角度、深度，正确理解、深刻领会、思考未来、抓住关键，成就品牌学校。

这次培训使我思考了一些从未想过的问题，发现了自己的差距与不足，对原有的教育观念产生了强烈的冲击，通过观摩、听讲座和学习交流使我从教学思想到管理技巧都获得了很大的启发。

遇见·聚焦·成长

——文县送培进校学习感悟

2020 年4月7日至4月14日，在兰州市教育局师资处精心筹备下，在西北师范大学苏向荣教授及兰州市教育局张尚雄主任带领下，我跟随着同行者甘肃省"金钥匙"小学体育学科李庆、甘培林导师及道德与法治学科范玲芳导师砥砺前进的铿锵步伐，远赴陇南市文县城关一小和文县东坝中学进行了为期一周的送培进校活动。

文县历史悠久，境内山高林密，江河纵横，素有"陇上江南""千年药乡"之誉，资源十分丰富。白龙江、白水江由西至东川流而过，仿佛在张开双臂迎接我们这些"金钥匙"导师。怀揣梦想的文县教育同仁也在期待、在渴望，试图在导师团的帮助下寻找一条通往教育远方的康庄大道。

一、遇见生命温度

7日清晨6点，清明小长假还未结束，专家组一行便乘中巴车历时16小时、不辞辛苦远赴文县。张婧卿导师家里还有未断奶的不足周岁宝宝，崔玲导师和李庆导师将无人看管的儿子托付在同事家里，王晓燕导师的孩子身体不适还在医院治疗中，我的行李箱里带着必须喝的中药……但出于对生命价值的追求和对教育事业的热爱，我们欣然接受任务，放下一切家中事务，克服种种身体上的不适，精神百倍地投入到了陇南文县的送教进校活动。

对于我们小学思品学科，部分学校领导及教师重视程度不够，我们都觉得中小学在课程设置、教学管理、评价改革等方面要"回应"，要"改革",尤其要重视小学科教学以及综合实践活动课程。因此,专家组入住当日便与文县教育局领导高效对接,共同商议、修订培训方案。5天的培训内容安排得满满当当,达到了全面细致、精准指导、互相学习、共同提高的培训目的。

二、聚焦专业情怀

专家组本着专业素质与专业精神,从三个方面着手开展了工作。

1. 摸清情况,建立联系

各位导师与参培教师进行座谈会,详细了解了文县道德与法治及体育学科教育教学现状,问诊把脉,对症指导。

2. 深入课堂,交流互动

通过三节学员诊断课、两节导师示范课、四节成果展示课、三场评课议课沙龙、两场专题讲座、两次经验总结会等互动形式进一步将全国教育大会精神、学科核心素养、教学改革方向、课程标准解读、教材教法学法等新理念、新方法传递到了文县教师当中,既完成了此行的规定任务,又按需创新完成了自选任务,充分发挥了送培导师的示范引领和辐射作用。受训老师表示受益匪浅。

此过程中,我认真准备并作了"核心素养下德育课程教与学的思考"的讲座,从品德学科核心素养、品德课堂教学、品德教师素养等方面与文县受训教师进行了交流,讲座浅显易懂接地气,教师们觉得讲座很有现实意义。

3. 缔结友谊,效果显著

在活动过程中,文县教师开始由被动到主动,由不理解到深入研讨,由教法单一到教法多样的转变,这充分表明了活动达到了预期效果,两地教师也由陌生到熟悉,相互之间结下了深厚的友情,这些势必会为后续的长效交流机制奠定坚实基础。

三、涵养生命成长

我的思绪又回到了文县城关一小副校长王旭凤讲授的一节小学品德与社会课《家乡的名优特产》。在课上,王校长从文县有哪些特产抛出话题,"一石激起千层浪",孩子们一下子想起了家乡的名优特产,话匣子打开来，"花椒""木耳""老挖善""柿饼""碧口龙井"……教学过程中王校长又将学生耳熟能详的特产作为重点展开教学活动，在"柿饼"板块中，设计了互动展示特产的教学环节，从观其色，到闻其味，再到品其香，学生兴致盎然，课堂气氛活跃。学生以其视觉、触觉、嗅觉、味觉等多种感官并用，亲身感受文县特产的独特与清新，在不知不觉中进行了学习与感悟。这就突破了课时目标中关于"了解家乡特产与自然环境、经济特点的密切关系"这一教学难点。自然流畅的教学流程使课堂教学达成了知识目标和情感目标，更让学生思考、分析问题的能力得到了提升。

导师示范课《献出我们的爱心》一课质朴大气、细致生动有内涵，是一节高效的课，是一节美的艺术的课堂，是一节极具特色和创新的德育味十足的精品课。示范课让文县受训教师对"金钥匙"导师课堂教学能力有了更深入的认识和了解。

汇报课由文县杜小娟老师和刘艳菊老师讲授《这些东西哪里买》，两位老师做了充分的准备，虽然课堂略显生涩，教学方法还不够成熟，但课堂师生互动热烈，学生学有所获，还是达到了预期的培训效果。

晚餐后，几位导师相邀参观了文县民居，我们踱步在"两山夹一江"、众多商铺组成的文县老街上，品尝文县咂干酒，买几袋碧口龙井茶，带几把新鲜的香椿苗，再来点花椒、文县老豆腐，这一天算是完美了。期待明天的到来！

从黄河之滨到渭水河畔，再到白龙江边，千里之约，虽然辛苦，但专家组传递的是一份教育的情怀。唯愿金城与文县情感升温，专业共进，各美其美，美美与共！

思政课教师素养

—— 一个解决问题的方案

2020年12月，我带着问题参加了兰州市教育局组织的第二届全国名师发展学校（第二期）金城名师高级研修班培训活动。七天的学习和思考让我找到了解决思政课教师素养这一问题的答案——那就是习近平总书记殷殷嘱托广大思政课教师的"要给学生心灵埋下真善美的种子，引导学生扣好人生第一粒扣子"，以及要求他们具备政治要强、情怀要深、思维要新、视野要广、自律要严、人格要正的六种素养。

习近平总书记于2019年3月18日在学校思想政治理论课教师座谈会上的讲话为加强思政课教师队伍的建设指明了方向。广大思政课教师要成为学习和实践马克思主义的典范，善于从政治上看问题，自觉用习近平新时代中国特色社会主义思想武装头脑，在大是大非面前保持政治清醒；要有家国情怀、传道情怀、仁爱情怀，把对家国的爱、对教育的爱、对学生的爱融为一体；要教会学生科学的思维，善于运用创新思维、辩证思维、矛盾分析方法等；要有知识视野、宽广的国际视野、历史视野，广泛涉猎、储备充足，把一些道理讲明白、讲清楚；对自己要求要严格，既要遵守教学纪律，也要遵守政治纪律和政治规矩，做到课上课下一致、网上网下一致；要有堂堂正正的人格、学识魅力、语言魅力，自觉做到修身修为，作为学为人的表率，时刻把这六个"要"牢记在心。

我确确实实感受了专家及名师们身上所蕴藏的理论功底，扎实的学识。

那么我想这个就是"四有"好老师当中所提到的具有扎实学识，这也是我希望自己能够做到的。作为一名思想政治课教师，最根本的是要坚持全面贯彻党的教育方针，解决好培养什么人、怎样培养人、为谁培养人这个根本问题。在日常教育教学中，要坚持以习近平新时代中国特色社会主义思想为指导，要坚持马克思主义指导地位，贯彻以习近平新时代中国特色社会主义思想，坚持社会主义办学方向，落实立德树人的根本任务，坚持教育为人民服务、为中国共产党治国理政服务、为巩固和发展中国特色社会主义制度服务、为改革开放和社会主义现代化建设服务，努力培养担当民族复兴大任的时代新人，培养德智体美劳全面发展的社会主义建设者。

在培训中我认识到，思想政治课的教学，就是要落实立德树人根本任务、培养担当民族复兴大任的时代新人，我们教师队伍要以高度的责任感和使命感传承好、教育好青年学生，把他们塑造成思想政治过硬，职业道德好，业务能力强的青年军，让孩子长在红旗下，拥有正确的世界观、人生观、价值观，让他们成为新时代党坚强的生力军。作为思政课教师的我，使命光荣，责任重大，不能懈怠。

本次培训让我感觉非常踏实。我的体会分为两个方面，第一方面，这一次的培训让我更加认识到在今后的发展中思政课教师的地位越来越重要，选择这条路，当一名思政课教师我觉得很踏实；第二方面，我感觉有一点点忐忑，也面临着巨大的压力。办好思政课意义重大，办好思政课关键在老师，经师易得，人师难求，思政课教师要给"学生心灵埋下真善美的种子，也要引导学生扣好人生的第一粒扣子"。近两年来，这些话时常会听到、看到，我不时地会反问自己，我是不是一个具有情怀、思维、视野的思政课教师一直没有答案，在培训的这七天，我心中隐隐出现了一点儿苗头，我想我现在是不是不重要，重要的是我将来会是政治强、情怀深、思维新、视野广、自律严、人格正，可信、可敬、可靠、乐为、敢为、有为的思政教师，这将是每一位思政课教师的追求。

在培训中，我深深地觉得思想政治课在整个教育体系中的重要性。培养、教育学生，让祖国的未来、民族的希望成人成才，是我们的本职工作，也是应尽的责任，让正确的思想政治理论深入每一个孩子的心中，是教育的神圣使命。所以，如何教好书育好人，是我们要思考的问题，"少年强则国强，少年兴则国兴"，要实现中华民族的伟大复兴，就必须培养一代又一代拥护中国共产党领导和我国社会主义制度、立志为中国特色社会主义事业奋斗终身的有用人才。这就要求我们把下一代教育好、培养好，从学校抓起、从娃娃抓起。要正确引导学生增强中国特色社会主义的道路自信、理论自信、制度自信、文化自信，厚植爱国主义情怀，把爱国情、强国志、报国行自觉融入坚持和发展中国特色社会主义事业、建设社会主义现代化强国、实现中华民族伟大复兴的奋斗之中。

我们思政教师在平时的上课中要认真地研读课标、高效活用教材、合理整合教材、创造性地使用教材。在思想政治课教学中，存在教师主动讲、学生被动学现象，部分教师授课时也往往只关心教材内容讲述是否完整、是否完成教学任务，没有深入理解国家开设思想政治理论课程的真正目的，没有考虑到青少年意识形态发展规律，不利于学生主体性的发挥，也不利于学生形成正确的世界观、人生观和价值观，更谈不上树立青少年坚定理想信念的目的。当务之急就是要激发青少年学生积极主动的学习兴趣，使其真正领会和接受理论精髓，开展丰富多彩的教育形式，坚定不移地把握正确的方向，做到政治要强，情怀要深，思维要新，视野要广，自律要严，人格要正。在今天的社会，思想政治理论教育非常必要，它不仅仅是一门学科，更是引导一个人成长和指引人生道路走向的重要路标。在当前社会舆论纷繁复杂、时代思想多元激荡的特殊环境下，亟须为青少年廓清思想迷雾、指出价值导向。所以我要认真工作，努力进取，严格对照，找出自己的问题和不足，真正做一名传道、授业、解惑的好教师，指引方向，做学生的领路人。思政理论课教师只有用坚定的信仰、鲜明的立场、科学的理论、真理的力量，才能引导学生扣好人生的第一粒扣子，帮助学生更好地成长成才！

在今后的工作中，我要严格要求自己，提高自己的思想水平，认真钻研、严于律己、宽以待人、言行一致、率先垂范，以自身全部心血、智慧和品质情操去培养学生，努力成为一名可信、可靠、乐为、敢为、有为的思政课教师。

找到了思政课教师素养这一问题答案，我不虚此行。

写于2020年12月

第五篇

我的工作回顾

一路走来，花香满地

——兰州市褚丽霞名师工作室2016年工作回顾

时间飞逝。自2015年11月褚丽霞名师工作室授牌启动以来，在市教育局大力支持与正确领导下，在西固区教育局、临洮街第二小学领导的关心与帮助下，工作室立足小学思品教育教学研究，以有效教学为载体，通过理论学习、课题研究、教学反思、课堂教学研讨等活动不仅促进了工作室成员教育教学水平的提高与专业素养的提升，还较好地发挥了工作室的辐射带动作用，促进了小学思品教学水平的整体提升。

一、组建优秀团队，共享优质资源

教育追求：化作春泥更护花。

教育梦想：快乐每一个，幸福每堂课。

教育理念：永远用欣赏的眼光看待学生，永远用挚爱的心态面对学生。

教育信条：以今日之我超越昨日之我，以不屈之节成就永恒之志。

工作室是一个朝气蓬勃、富有活力、积极向上的团队，是集教学、科研、培训等于一体的教师合作共同体。名师工作室领衔人遵循"个人申请、双向选择、关注层次、择优录用"的原则从兰化三小、皋兰县、永登县、安宁区、西固区农村及薄弱学校等确定了23个工作室成员，其中，领衔名师1人，专家团队4人，核心成员8人，学员10人；组建了集教学、科研、培训等职能于一体的研究合作团队，充分发挥骨干教师在教师专业成长和教育科研中的示范、引领、辐射和带动作用，打造褚丽霞名师工作室品牌。

二、开启研修之窗，让科研之花盛开

工作室积极开展"书香工作室""让自己精彩起来""同伴互助共发展""名师优课"等专题活动，鼓励成员积极反思，撰写读后感，进行课题研究和论文撰写。成员们内强素质，外抓机遇，努力展示着自己的风采。同时工作室加强与各成员校之间的相互学习和培训，不定期推荐优秀成员教师以送讲座、送研讨等形式到相关学校进行巡回交流，提升周边学校的教科研水平，促进优质教育资源的共享。一年来，工作室已先后为11所学校的500多名教师进行课题研究指导，取得了较好的成绩。

工作室领衔名师褚丽霞想方设法做好各成员的教学指导，工作室成员身兼双重角色，既是工作室的研修员，更是所在学校的教学引领者。

三、开展教研活动，走教师培养之路

一年来，工作室开展了专家讲座、集体磨课、送教下乡、课题研究等丰富多彩的教研活动。

具体包括：

（1）为期两天的褚丽霞名师工作室启动仪式暨北京通州—甘肃兰州两地名师高级研修活动在东郊学校进行。其中现场课与专家专题汇报立足于常规课堂教学，助推了教师的专业成长，扎实、有效，切实提升了教师的课堂教学水平。

（2）3月11日，褚丽霞名师工作室受临夏州永靖县刘化学校的邀请，领衔名师褚丽霞为全体教师作了"如何撰写课题实施方案"讲座，将前沿的教学理念送到偏远地区，听讲教师在此次送研、送课中收获颇丰。

（3）3月18日，滕铭娟名校长工作室和褚丽霞名师工作室应邀赴皋兰县三川口小学进行"送培训进校园"活动。领衔名师褚丽霞作了"专心让自己更优秀——说说课题研究"专题讲座，为该校广大教师搭建了专业提升的平台，搭建了畅谈教学思想、交流课题研究的平台，凸显了名师工作室的引领示范作用。

（4）5月25日，兰州市领衔名师褚丽霞、白燎原、范玲芳联袂举办以"生命·生活·生长"为主题的教学研讨活动，为我市小学品德与生活（社会）教学提供研究范例和借鉴。

（5）6月16日，兰州市褚丽霞名师工作室、滕铭娟名校长工作室、王建萍名校长工作室一行9人赴永登县红城中心小学进行了"送教、送培、送研"帮扶活动。在两节课堂教学展示交流活动后，金城名师褚丽霞做了题为"专心让自己更精彩"的课题研究专项讲座。

（6）6月23日，名师工作室赴陇南武都区洛塘中心校开展送教研修活动，在听评课后，针对该校课题研究整体比较薄弱的现状，金城名师褚丽霞作了教科研专题讲座，教师们受益匪浅。

（7）9月14日，工作室走进西固区金沟中心校，进行课堂教学及课题研究研讨，使城、乡学校手拉手，促进了双方的共同发展。

（8）10月25日，工作室承办了在七里河区王家堡小学进行的兰州市小学品德与生活（社会）课堂教学竞赛活动。工作室刘春梅、张莹、米文娟教师承担授课任务，庞丽、张志芬、崔玮教师承担说课任务。课后，教师们互动评课，市教科所刘永兰、安宁区教研室刘晟等专家对每节课进行了精彩点拨和指导，活动反响大，成效显著。

（9）10月9日，工作室赴西固区新安路小学送培训。

（10）精彩教学活动采撷。

四、不忘初心，发挥辐射引领作用

为了实现目标，工作室举办"送教下乡""示范交流展示课""青年教师磨课""课题培训""名师走进课堂""专家走入学校"等市大型特色活动11次，其中工作室成员在各类交流活动中进行观摩教学、示范教学、说课、录像课展示30余节，先后与兰州市教育局、陇南市教育局、西固区教育局、皋兰县教育局、永登县教育局等市区级教育部门联合举办教学论坛及讲座培训活动，受到好评。

2016年，领衔名师褚丽霞及成员柴桂萍担任兰州市教育局小学思品学科教学新秀评委工作，领衔名师褚丽霞担任西固区新教师选聘评委工作，这扩大了工作室的影响和知名度。

五、发展成员，我们一直在路上

工作室成员论文、课例、教学设计共计获奖67项，有12位教师获得省骨干、金城名班主任等各级各类称号，有31项课题获省市级立项或结题，其中领衔人主持省级规划课题《小学语文课前预习有效指导模式研究》，参与省级规划课题《小学各年段梯度推进亲子阅读的策略研究》；两位成员参与的规划课题《小学初中衔接阶段学生数学学习适应性的策略研究》等14项课题顺利通过鉴定；领衔名师褚丽霞主持的《小学中段语文"群文阅读"研究》和《构建小学思品"三生"课堂的实践研究》被省市教科所立项。工作室所在的临洮街第二小学也连续两年荣获西固区教育教学质量优秀奖。

一路走来，我们凭借着对小学思品学科教学的热爱；一路走来，我们承载着市区领导及其他工作室的厚望；一路走来，我们不忘初心锻造培养教师；一路走来，也定会花香满地！

六、展望未来，信心满怀

2017年：续写初心，砥砺前行。

一本书——力争完成一本专著；

一堂课——力争探索品德课的教学模式；

一个室——力争带好二级工作室；

一个人——力争每位成员专业水平提升。

写于2017年4月21日

追寻教育的温度

尊敬的各位领导、各位校长：

大家早上好！

今天有幸作为滕铭娟名校长工作室成员参加兰炼二小常尚文名校长工作室"分享教育故事共叙教育情怀"名师大讲堂活动，我倍感荣幸。此次讲堂活动规格高、形式新、内容多元。我是本着学习的目的来参加活动的，南局长的"唤醒"二字用在我身上再贴切不过了，我感受到了南局长对我们管理者的殷切厚望，南局长字字句句情真意切，希望我们守住心、放开眼、迈开腿。我也定当听从南局长的指示，不回避，不抱怨，不责备，在能力范围内干应该干的事。初见常尚文校长，她婉约优雅，再看她精细化的学校管理以及时时处处追求最美教育的点点滴滴，让我不禁高山仰止。受邀的滕铭娟、马光兰、周东敏、魏斌孔、满自恒、洪海鹰等金城名校长的精彩发言，更是让我"振奋"，仿佛注入了"强心剂"，做教育，就该如诸位校长般爱学校、爱老师、爱学生，把自己毕生的精力都奉献给教育事业！我不禁心动，神思也随着他们的娓娓道来而恍如进入教育仙境中。围绕今天的主题，我也有故事和大家分享一下。

一、抓住机会，不断上进

记得2015年年初，西固区教育局组织了首届校长、副校长竞聘考试。校长让我报名，刚开始我不愿意，推诿磨蹭，认为自己教科室主任干得好好的，学校这几年教科研已步入发展的快车道，我继续操心就行了。至于当校级领导，我还差得远。可是在校长的鼓励与期待之下，我报了名。经过了严格的笔试、面试等环节，我没想到自己竟然脱颖而出，考取了副校长一职。这是一次机会，我凭借自己良好的品格和扎实的专业知识以及中层主任的任职经验跻身于西固教育管理者行列。后来，我在副校长岗位上经历了种种艰辛与不易，也磨炼了自己的意志品质，更是在岗位上学习到了很多做人处事的道理，这些经历确实是一笔宝贵的财富。

二、以身作则，以上率下

任副校长以后，无论是在炎热的夏天，还是在寒风刺骨的冬天，我从来没有一次迟到早退。要求教师们几点到校，我必须早十几分钟到，教师们下班离开学校了，我依然忙碌在岗位上。要求教师们做课题，我先带头做课题，领头做研究。学校也在一步步前进，教师团队由刚开始的有一丝抵触到后来的认同服从，我觉得以身作则起到了很好的示范作用。

三、信任同事，助力发展

要想管理好分管工作，信任下级中层干部是非常重要的。他们是联结校领导和教师的纽带，许多工作需要他们去协调和沟通甚至安排，给予他们充分的信任，放开束缚他们的手脚，让人尽其才，充分施展他们的能力，这点特别关键。学校安全班主任刚开始不自信，不敢给其他教师安排工作。我鼓励他："你很优秀，工作要大胆去干，不要前怕狼后怕虎的，跟老师们沟通要给他们说清楚此项工作的内容、重要性和必须承担的责任，你讲清楚了，他还不干，那便是工作态度问题了。你放心去干，我们班子成员相信你能干好！"后来，他的进步非常明显，如今已经可以独当一面了。

从2015年至今，我所在的临洮街学校连续六年获得西固区教育教学质量优秀奖，取得了前所未有的成绩，这是历届校长和全体教师的功劳，也有我的心血和努力在里面，我很欣慰！在管理的路上，我还是一名新手，还需要不断学习理论，坚持实践积累，追求最美最真的教育！

写于2017年8月

西固大教育，在高地上攀高峰

各位领导：

大家上午好！

站在这里，心生忐忑，忐忑的是学识不足，管理经验欠缺却在各位优秀的领导面前做报告。

站在这里，心怀感激，一是感谢区委、区政府、区教育局给机会让我们第一批6人以及以后的若干批管理者赴上海发达地区学习先进经验和有效做法，让我们开阔了眼界、拓宽了视野、增长了知识、提升了素养，引发了对教育工作更深的思考。二是感谢张希才、张德奎校长，李贵平、王怀青主任及教研室张丽莉老师的信任，让我代表6位挂职人员分享培训所得。感到自豪的同时也感到责任重大，机会宝贵。

站在这里，憧憬未来，期待我西固大教育盛开绚丽的花朵，结出丰硕的果实。躬逢盛宴，幸遇良机。我们6人的收获概括起来有四点。

一、潜心挂职，用心学习

我们这次一行6人分别挂职于不同类型的学校，有完全小学，有九年一贯制学校，有完全高中、实验中学，还有刚成立的小学。2018年10月15日上午，在上海青浦区教育局会议室举行了挂职培训开班仪式，仪式由青浦区教育局副书记黄海忠主持，区教育局人事科王睿科长代表我区教育局发言。会议结束后，挂职学校领导带领挂职人员到各自学校报到并熟悉学校情况。

在挂职学习期间，我们深入课堂，听课、评课、进行校本教研、进班代课；我们参加活动、行政会议、运动会、入队仪式、社团，自主实践；我们走访名校，参观新教师入职培训，研修实践；我们感悟精细化管理，我们聆听报告更新理念，我们缔结友谊合作交流……我们深刻地感受到上海教育先进的教育理念、科学的管理机制、人文化的教育环境和温暖的教育氛围。挂职人员都非常珍惜这次机会，在此过程中认真学习，主动思考，深入交流，每个人都有不同的思考和感悟，每个人都体验到了收获的喜悦。我们的表现得到了挂职学校领导的肯定。在11月15日挂职培训结业仪式上，我们6位学员分别发言，向青浦教育局黄书记汇报了我们各自的培训感受和心得体会。黄书记听后非常高兴，对我们的表现给了充分肯定，现场提议希望促成两区政府层面达成学习交流协议，为后续互相交流挂职学习提供政策依据，建立长效机制，使得两区教育交流更加频繁，更加紧密，更加有效。

一个月的学习时间过得很快，在学习期间我们看到学到了许多上海教育的新理念、新模式和新方法，我们要为推动西固教育向前向强向好发展，为打造"西部教育名区"做出我们的努力！

二、对标青浦，寻找差距

我们看到了"用心做教育，合力谋发展"的青浦教育精神。青浦区不断深化青浦教育的实践，推出了大面积提升教师实践素养的改革试验，实现由教学理念到实践操作的转变，进行课例改进与教师研修为一体以及教师专业培训新思路的研究。

1. 构建、完善一套机制

青浦区在经历了课改30年的风雨历程后，已经探索、完善出了一套很流畅的运行机制，并利用这套运行机制组建了一支骨干核心团队。这个机制分五步：

第一步，教育局基教处制订大型活动方案。

第二步，教师进修学院在接到基教处的方案后，负责将方案落实到每门学科。学院有40多名教研员，每个学科都配有专职教研员，主要学科有2名教研员，这些教研员专业理论很扎实，主要负责对基层教师进行全方位的指导、帮助。

第三步，通过教科研基地校和片区教研将任务落到实处，教科研基地校由学校结合本校优势学科自愿申报。在进修学院审核通过的基地，教研员将每个学科要研修的任务下放到每一个基地校。同时，将整个区划分为四个片区，每个片区和学科基地校活动时，都有一支核心团队，而这支团队吸收的都是各校骨干、教研组组长，当然，吸收时也考虑到了团队的年龄结构，中青结合，避免人才断层等不利因素出现。每个片区、基地校围绕主题任务进行研修活动，教研员负责下校监督、抽查、指导。活动安排从内容到形式都很丰富，你想参加哪一类、哪一个学科、哪一个学段的活动都有。同时，优秀成果、课题将在全区进行展示推广。

第四步，各校教研组组长、骨干教师对活动成果在校内进行宣传、实践、推广。

第五步，即达到提升教师个人教研能力的目的。

这套运行机制，就像一把锋利的宝剑一样，使青浦教研之路所向披靡。

2.落实一项主题

基于教师专业发展的主题式研修，是青浦区教科研多年工作的特色，其扎根实践、立足课堂，通过问卷调查，筛选出教师最关心和困惑的教学问题，进行主题研修。为保证主题研修落到实处，能真正帮助教师专业成长，教研部门一旦确定某一主题，研修周期往往是3~5年，甚至更长。研修组织人是全体教研员和校长，研修参与人是全体教师，研修科目是全部科目，研修范围辐射到课堂、课程、作业、评价、课题等多个领域，总之，就是调动全区所有的教育力量在做这个主题项目，不是蜻蜓点水式的一带而过，而是真的在深入、细致、全方位地开展这项主题。比如，近几年青浦区教研部门的研修主题是基于课程标准的教学与评价单元整体设计，那么教学季上全区所有学科的展示课，基本上都围绕这一主题；从幼儿园到高中配套的部分校本课程也围绕这一主题；所有的片区活动、中心教研组活动也围绕这一主题开展；课题的研究也要向这一主题倾斜，学校的主打课题必须有这方面内容，如教师的教学设计提倡单元整体设计，习题的设计注重单元分解、制定、拓展等。

所以，真正意义的科研并不是碎片化、无系统、无主题、无方向的，而应该是教研人员抱着要做就要做好、做深、做细的心态，深入、扎实地逐步推进，随着每3~5年一个研修主题的结束，下一个研修主题的继续推进，如此螺旋上升，带来的效应将是无穷大的。这样提升了教师的专业素养，带动了学校的整体发展，推动了全区的教育水平。

例如，青浦区"一年级准备期现场展示研讨"活动让我们感受到了上海教育对一年级孩子特别的爱。整个研讨活动有语文、数学、英语现场课展示，校长汇报，教师沙龙，学生课程秀等，形式生动活泼。我的成长——良好行为习惯的养成，我们成长——班集体建设，让我们去——综合主题活动实践三个主题下设置了丰富多彩的课程内容，有效帮助一年级的孩子养成良好的学习习惯、生活习惯，增强集体意识，使他们从心理、思想、行为上做好了充分的入学准备。更难能可贵的是，这件事，上海市已经关注了十年，也实践了十年，每年都有一所学校汇报展示，每年都会有新的探索和进步。上海用这样的一份坚守诠释出教育特别的温度。

3. 一切为了学生

（1）课程。

每一项课程的开发与推进都充分考虑孩子们的需要，每一位教师都可以尝试开发课程，将课程方案、纲要、评价等一整套材料交青浦区课程审核部门审核。审核通过的将拨付50万元左右的课程开设资金，用于校本课程实验室的建立和课程的实验。学校和区教育部门的大力支持成为教师们专业成长的动力，让教师通过不断研究向专家型教师发展。

例如，实验小学"多元的个性发展课程、丰富的社会实践活动、鲜明的仪式教育活动和快乐嘉年华'6+1'展评活动"四大"快乐活动日"课程模块，已成为学校校本化课程实施的亮点，开设了40门学生走班制课程，其中纸艺、线描、舞蹈凸显了学校艺术类特色课程，曲棍球、足球课程彰显了体育文化，头脑奥林匹克、木工、航模、旧物改造课程、稻草艺术、纸盘艺术等课程引导学生不断探索实践，最终让更多的孩子受益。

（2）评价。

青浦区的教育立足"学生的发展"这一中心开展各项研究，特别是对学生评价非常重视。任何一项教育教学活动中都认真思考评价学生的方式，通过有效的方式促进学生的全面发展。

首先，注重课堂教学中的评价。区教师进修学院开办了新课堂实验研修班和36个学科科研基地，以驱动深度学习为课堂为目标。各校根据教育局的行动计划，制订教学研修计划。青浦区教师进修学院附属小学开展"聚焦过程评价，导向深度学习"的教学节活动。在教学节启动仪式上进行动员，各教研组开展组内公开课，组内进行过程性评价的研讨（任务单的设计、评价单的设计）。每一个科目的评价都根据科目特点设计，重点放在学生学习习惯培养、学习能力提高、思维品质提升三个方面。

其次，关注活动中的评价。学校的每一项活动重设计、重探究、重评价。所有的活动都会根据主题、内容的不同，设计活动任务卡和评价表。任务表注重学生知识的学习、能力的提高。评价表注重学生行为习惯的培养和情感态度的渗透。

4. 打造专业教师队伍

（1）制度激励。

上海市青浦区多层次的教师发展规划，为教师每个阶段的成长规划出路线，激励教师不断成长：对新入职年轻教师设立青苗奖；对三年后教师设立青竹奖；对五年以上教师设立各学科示范教师，骨干教师，学科带头人、名优师等奖。上海市"种子计划"培养专家型教师，"高峰计划"培养教育家。这些计划有比赛、有奖项使各个年龄段的教师都有相应的激励机制。

青浦区各校在教育局考核方案的指导下，根据本校实际情况制订本校教师的考核标准。青教院附小采用教师工作量量化积分制与额外任务现金奖励制，工作量系数校长1.8，副校长1.7，中层1.6，代主课1，班主任0.5，副班主任0.3，带教师父0.1，考勤、培训（有具体要求）、主动承担临时性任务、各功能室管理员、各级公开课、加班、代课（有进度和无进度之分）参赛、课题研究、指导学生等都列入额外任务，用奖励金体现，有效地调动了教师干工作的积极性。

（2）专业的培训。

青浦区的教研培训工作不仅有纵向的各年龄段、各层次教师的培训，还有横向的各学科教师的主题培训，还有各校开展的教研培训，其点面结合，纵横交错，使每一位教师都有收获。仅仅一个月的时间，我们就参加了青浦区教育局、教师进修学院组织开展的区级语文、数学、英语、美术、自然等多个学科的主题教研培训活动。每一项活动都以课堂为载体，有主题得引领，有理论的支撑，有实践的积累，有智慧的碰撞，有品牌的树立，有效促进了各个层次的教师的理论水平和实践能力的提升，也引发我们对教研和培训更深入的思考。

对教师科研有专业的系统的培训。每年上海市组织对骨干教师的系统的科研培训，培训共20课时，每周一天，每次2个课时，培训涵盖从课题内容的选定、名称的拟定、研究方法的指导、方案的拟定、具体案例的指导等整个过程的详细指导。在课题研究方面，教研部门更是鼓励教师成为研究型教师，区级课题只要立项，就会分普通课题和重点课题，并给予资金扶持，重点课题3万～5万元不等。给骨干教师更高的平台，让他们在实现自我价值的同时，引领教师发展，促进学生成长。

三、发挥优势，合力"破壁"

我区教育优势也十分明显，《关于西固区进一步深化教育领域综合改革的意见》（区委新十条）的各项内容，从持续优化学校布局、高位谋划西固教育、强化办园规划管理、不断完善激励机制、提高乡村教师待遇、强化学校服务保障、加强教师队伍管理、立足人才引进培养、狠抓师德师风建设、创新教学科研方式十个方面进行改革。对此，我们6人也在挂职学校进行广泛宣传，得到了对方的赞扬。

我区教育局正在打破壁垒、创新机制、加强沟通交流、协同各校发展，立足国际视野打造西固卓越教育，进而培育特色化、专业化、个性化、优质均衡化的西固教育办学新生态。我们也感到很自豪。

四、文化自信，修身克己

这6所学校的外在文化特色鲜明，或传统或鲜活或深厚或新锐，其内在文化建立了制度文化、精神文化、德育文化、活动文化、课程文化、特色文化等，使文化成为学校发展的软实力。这6所学校的课堂教学也各具特色，让我们体会到江沪浙一带教学改革的多元和深入。

我们感受到了校长在当今教育改革热潮中所承担的使命、应有的眼界和情怀，更加坚定了一个信念，那就是办出真正地面向全体学生，面向学生整体素质的教育。我个人觉得我们虽有地域限制，但要树立文化自信。一是把修身克己作为我们的底气。二是把修业引领，带好团队，发展学生作为我们的天职。三是做好顶层设计。区长、局长等领导是西固大教育的设计师，校长是学校师生幸福程度的设计师。做教育家型校长是我们的情怀。在座各位有纯粹的教育信仰，有深厚的人文素养，有强烈的创新意识，有过硬的业务能力，有成功的教育实践。这些就是我们的自信之源。

学习只有开始，没有结束，我还想把他们先进的理念，前瞻的办学眼界，结合校情，转换成我们的办学实践，用仰望星空的姿态，追求教育的梦想，用脚踏实地的行动，收获明天的期望。

最后，感谢区委、区政府和教育局领导对我们的关心和关注，也为我们局领导站在教育优先发展的战略高度，为西固教育腾飞搭建平台，创造机遇的做法由衷地感到欣慰和骄傲！立国靠民，教书靠先生，治校靠校长，管理靠文化，学习靠课程，西固教育靠大家。我们坚信西固教育的明天会更辉煌！

以上就是我代表6位挂职培训人员的发言，不当之处，敬请各位领导批评指正！

谢谢各位领导！

写于2019年1月

"减负"行动在兰州

为全面落实立德树人的教育根本任务，切实减轻中小学生课业负担，贯彻落实中共中央办公厅、国务院办公厅《关于进一步减轻义务教育阶段学生作业负担和校外培训负担的意见》和教育部办公厅《关于加强义务教育学校作业管理的通知》等文件精神，兰州市教育局于2022年1月15日到16日组织开展了"双减"背景下优化中小学作业设计的线上专题培训，培训由金城名师、青年专家等采取同步在线的方式进行专题讲座授课，兰州市中小学各学科全体在职教师按要求参训，同时邀请兰西城市群八个节点城市的中小学教师在线观摩交流。我作为小学道德与法治学科名师进行了线上授课并参与了听课，感受颇多。

一、这是一场"及时雨"

刚接到市教育局通知，我心里特别高兴。"双减"作为国家决策，是党中央站在实现中华民族伟大复兴的战略高度，站在培养"德智体美劳"全面发展接班人的高度做出的重要部署。2021年7月29日，中央教育工作领导小组召开会议，将"双减"定位于"重大民生问题"，明确了这一工作的政治高度。市教育局工作科把培训内容具体到优化作业设计上，这个点抓得特别好，我们学校和一线教师特别需要这方面的理念引领，也需要作业设计的具体操作策略。培训活动真是一场及时雨，我能作为其中一员并且为教师们做培训，和教师们一起学习交流，发挥领衔名师的示范引领作用，内心无比喜悦，有了真正意义上的获得感和幸福感。

二、这是一个"推进器"

此次培训涉及小学、初中、高中全学段，涵盖了语文、数学、英语、道德与法治、音体美、信息技术、物理、化学、劳动教育等多学科，展示了理论引领、课堂教学、作业设计、作业管理、案例分享等多角度全视域全方位的内容，彰显了名师专家的专业精神和专业素养，是近年来兰州教育界力度空前，受训对象面广、专家团队素质高的一场盛会，是推进兰州教育"双减"背景下高质量均衡发展的"推进器"。其一定能发挥作用，促发全市中小学教师对学科作业设计的深度思考与实践，也一定能促进孩子们健康成长、可持续发展。

三、这是一条"破冰路"

我在16日早上认真聆听了白云名师工作室成员赵金禄老师的讲座《"双减"背景下初中信息技术作业优化设计的典型案例——以八年级信息技术课程为例》。讲座内容提到关于作业设计理念要体现趣味性、专业性、融合性、层次性的问题，赵老师就作业设计在时间优化方面是课前优化，还是课中优化，或者是课外优化的问题；就作业内容优化需要加强跨学科融合；就作业在数量优化上要少而综合性强；就作业评价优化上尽可能分层点评与展示等方面结合案例进行了深入浅出的讲解分析，让我受益匪浅，也引发了我对本学科作业设计的新思考，相信参加培训的老师们也和我一样，在听讲的过程中，也能解决本学科教学中的困惑与问题。启迪思维，触发灵感，使我们在前瞻性的作业的设计与布置上，走上一条"破冰之路"。

四、这是一棵"成长树"

"双减"政策对一线教师提出了新要求和新任务，兰州市教育局以提升教师专业能力发展为目标，与时俱进，开拓创新，努力搭建了与当前教育优质均衡发展相适应，满足教师终身学习需求的专业化、开放式、多元化、网络化的教师培训活动平台，尝试摸索优质化的各学科作业设计路径，这在以解决问题、改进实践为主要导向的学习、实践、研究培训活动上是一次有益的尝试。各位名师接到任务后研究理论政策、学习文件精神、讨论确定培训内容、制作讲座PPT等，让包括我在内的各位名师都成长提高了不少。各位参加培训活动的教师，或为主持人或为听课者，都学到了许多专业知识，提升了自己的专业素养，在教学实践中进行迁移运用，可以说各有所长，各得其所，各有进步，各有收获。

五、这是一剂"强心针"

我接到市教育局的任务后满口答应并积极准备，从四个方面和大家分享了《"双减"背景下作业的管理与设计》讲座："双减"的重要意义与要求、"双减"从何处发力、"双减"背景下的作业管理、"双减"背景下的作业设计。此场讲座唤醒了我作为一位名师的主体精神和责任担当，进一步引导我去感受追求教育的真谛、思考着教育价值的浓浓幸福，也进一步提醒我在"双减"政策下，要提高课堂教学质量，应教尽教，因材施教，确定培养素养，提质减负的教育理念。能为大家的作业设计指点迷津，使我更加自信，更加拼搏，也更加坚定了走名师发展之路的信心和勇气。参与活动让我对网络直播教学有了清晰的认识，习得了一点简单的操作方法，为以后线上直播教学做了充分的准备。

总之，我们必须努力探索"双减"背景下更有实效的教育途径，群策群力，为开创学校、教师、学生发展的新局面而不懈努力！我们必须做好知识的储备和技能水平的提高，为孩子们的成长成才打好基础！我们必须埋头苦干、勇毅前行，履行为党育人、为国育才的神圣职责！

写于2022年1月

后
记

　　这本书终于完稿了，我很欣慰。无论是当教师还是做校长，我对教育的热爱不曾改变过。

　　从1996年毕业至今，我一直在课堂上讲课，先教了十八年的语文，后教了七年的道德与法治，站讲台的日子里我不断地刻苦钻研业务，认真研究教材教法，学习新课程标准，践行新的教育教学改革，自问无愧于每一个想获得知识的孩童。

　　2015年，兰州市小学思品褚丽霞名师工作室成立，当选金城名师，于我是一份沉甸甸的荣誉，但更多的是责任和担当。如今已走过了七年多的历程，在摸索行动中我也找到了工作室发展的努力方向和第一要义，那就是立足学科、活动带动、发展教师、辐射引领。在工作室承办的每期"名师大讲堂"活动中，成员郝玉林和马红彦等主动请缨参与活动，其他成员如赵俊生、苏涵等积极热情地准备资料，他们在工作中彰显了优秀教师的素质。我的徒弟贾爱娟、胡丽媛、于巧珍、张钰等教师多次上校级和区级甚至市级的研讨课和示范课，我们登上不同的培训讲台，为参训学员做讲座和上课。每位成员都在自己的三尺讲台上兢兢业业、探索实践，在课堂主阵地上播种、耕耘、收获，教师们是幸福的，孩子们是受益的。

　　从2015年走上管理岗位至今，"走教育之路，做更好的自己"是我作为一名校长的追求，我始终把教育看作是一项专业、一项事业，而不仅仅是职业，始终秉承人道、博爱、奉献的信念，以真诚的爱心、熟练的专业素养和严格的人性化管理赢得了教师、家长和学生们的尊重和赞誉。我在用自己对事业执着的热爱与追求，以及对卓越的高尚品质、良好的工作能力素养的永恒追求，谱写咏唱着一曲曲动人的教育之歌。我觉得管理工作一定要凸显学校教育的精细化管理，一定要重构学校的课程课堂，一定要设计学校的特色活动，从而增强学校的行动力，促进学校质量和品质的提升。

学无止境，梦想亦无止境。

教无止境，追求亦无止境。